Gerhard R. Susen

Der Geist in der Falle – Gesundheit beginnt im Kopf

Bibliomed
Medizinische Verlagsgesellschaft mbH

Quellennachweis:
Erstveröffentlichung als Serie in der Fachzeitschrift für Krankenpflege „Die Schwester - Der Pfleger“ in den Ausgaben 8, 9, 10, 11, 12/1992 (31. Jg.) und 1, 2, 3/1993 (32.Jg.)

Titelbild: Hemma Glos, Kassel

Die Deutsche Bibliothek – CIP-Einheitsaufnahme

Susen, Gerhard R.:
Der Geist in der Falle – Gesundheit beginnt im Kopf /
Gerhard R. Susen.
– Melsungen : Bibliomed, Med. Verl.-Ges., 1994
ISBN 9-921958-91-1

Printed in Germany by VolkeDruck, Baunatal-Kirchbauna

ISBN 3-921958-91-1

Inhaltsverzeichnis

Kapitel I: Über Körper und Seele zum ganzen Menschen

Wer in diversen Wörterbüchern unter „Pychohygiene" nachschaut, findet dort Erklärungen wie „Pflege seelisch-geistiger Gesundheit" oder „seelischer Gesundheitsschutz". Viel klüger ist er danach nicht. Nun ist die Wortkombination von „Psyche" und „Hygiene" zwar etwas mißraten, sachlich aber richtig; denn einerseits versteht man unter „Psyche" die Seele, respektive die seelisch-geistige Ebene des Menschen, und unter „Hygiene" nichts anderes als Gesundheit (wörtlich übersetzt aus dem Griechischen). Fatalerweise ist aber der Begriff Hygiene schon besetzt, erinnert er doch an Sterilität und saubere Fußböden. Eine Alternative käme aus dem Lateinischen mit dem Begriff „sanitas", doch der scheidet wohl auch aus und wird von den sanitären Anlagen hinfortgetragen.

1. Womit sich die Psychohygiene beschäftigt

Etwas klarer wird es, wenn man sich die Ziele und Arbeitsbereiche der Psychohygiene ansieht. Dazu zählen zum Beispiel Ursachenfeststellung von psychischen Krankheiten, frühzeitige Erfassung von Störungen zwecks Vorbeugung und Vermeidung von Krankenhauseinweisung. Kräftigung und Schutz seelischer Gesundheit, soziale und seelische Anpassung an die Umwelt, Fähigkeit zu harmonischen Gruppenbeziehungen.

Der historisch bedeutsamste Impuls zur Entwicklung der Psychohygiene (englisch: mental health) geht auf den autobiographischen Bericht von *C. Beers* zurück („Eine Seele, die sich wiederfand", 1941). Dadurch angeregt wurden Bestrebungen in Gang gesetzt, welche die Wiedereingliederung psychisch Kranker in ein normales Leben vorsahen. In den Vereinigten Staaten lagen die Schwerpunkte auf der Verhütung von Geistes- und Gemütserkrankungen, aber auch spezifische Ziele fielen darunter, wie die Behandlung von Epileptikern und Schwachsinnigen. Desweiteren wurde und wird die Bedeutung der Psychohygiene für Erziehung, Beruf, Wirtschaft und Kriminologie propagiert. International gibt es seit 1948 die World Federation for Mental Health (WFMH).

Für den deutschsprachigen Raum ist der Name *H. Meng* von Bedeutung, auf den der Begriff „Organpsychose" zurückgeht. Er beschäftigte sich mit schweren Organfunktionsstörungen, die von einer nur körperlich orientierten Medizin nicht erklärt werden konnten. In der heutigen Zeit ist der Begriff „Psychosomatik" populär geworden, worunter man körperliche Beschwerden und Veränderungen versteht, die *keine organischen* (sondern seelische, geistige, soziale) *Ursachen* haben.

Die Psychohygiene ist zu einer multidisziplinären Wissenschaft geworden, geöffnet für Forschungen und Anregungen aus allen Bereichen, die sich im weitesten Sinne mit Gesundheit beschäftigen. Und das ist gut so. Diese Entwicklung findet Niederschlag in neueren Definitionen, so zum Beispiel, daß seelische Gesundheit eine relative Freiheit von Angst, Bedrohung und Haßgefühlen bedeutet, die eine positive Einstellung zur eigenen Persönlichkeit möglich macht (*E. Schomburg*).

Dafür stehen auch die Arbeiten *von Weizsäckers* und *Alexanders*, in denen psychosomatische Krankheiten eindeutig im Zusammenhang mit persönlichen Problemen und Lebenskrisen der Betroffenen stehen, was eine direkte Beziehung zwischen Geist/Seele und Körper offenkundig macht (was wohl auch jeder aufgrund seiner eigenen Lebenserfahrung bestätigen kann).

2. Weiterentwicklung zum ganzheitlichen Denken

Die wachsende Bedeutung der Psychohygiene, die Integration anderer Disziplinen und Wissenschaften lassen auch einen anderen, stetig populärer werdenden Begriff in den Vordergrund treten: *Ganzheitliche Gesundheit.* Schauen wir uns die Denksysteme der Gesundheit (Abb. 1) mit ihren verschiedenen Orientierungen genauer an, so können wir drei Konzeptionen unterscheiden, die in ihrer Entwicklung aufeinander aufbauen, d.h. sich nicht gegenseitig ausschließen, sondern intelligent ergänzen (was von deren Vertretern – sofern sie dafür aufgeschlossen sind – manchmal getan wird).

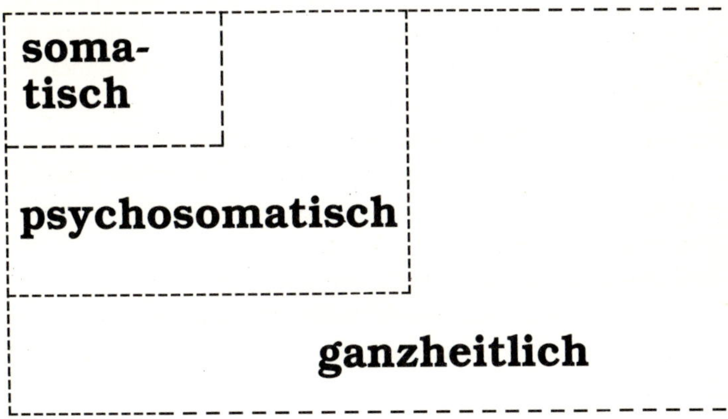

Abb. 1

Somatisch (organisch, körperlich) orientiert

Dafür steht die allen vertraute klassische Schulmedizin, welche den Horizont ihrer Zuständigkeit ganz eindeutig im organischen Teil des Menschen sieht. Alles, was mit physikalischen Mitteln nicht erfaßbar oder meßbar ist, bleibt weitestgehend unberücksichtigt. Da der Organismus eine Art biochemische Fabrik ist, werden Störungen auch entsprechend bekämpft.

Folgerichtig sind Medikamente die Hauptwaffe. Aber wie man weiß, geht's hinter dem Horizont weiter.

Psychosomatisch (psychohygienisch) orientiert

Dahinter (auch darunter und daneben) liegt – untrennbar mit dem Organischen verbunden – das Reich der Seele und des Geistes, was Psychohygiene und Psychosomatik zu erkunden versuchen (womit sie noch lange nicht fertig sind). Innerseelische Prozesse – also Gedanken und Gefühle – haben die Macht, den Körper zu beeinflussen und sogar organische Veränderungen herbeizuführen. Der zweifelnde Leser möge sich einmal kurz vorstellen, jemand käme herein und teilte ihm mit, daß sein Auto (Fahrrad, Segelboot, Haustier oder ähnliches) gestohlen worden sei. Allein diese Information löst Phantasien aus, welche den Organismus pfeilschnell auf Touren bringen, d.h. Herzjagen, Blutdruckanstieg, Muskelanspannung usw. Auf diese alltäglich zu erfahrende Weise stehen Gedanken, Gefühle und Körper in einer permanenten Wechselbeziehung. Die psychotherapeutischen Methoden legen deshalb ihr Gewicht auf den seelisch-geistigen Bereich, um über ein inneres Gleichgewicht, d.h. Ausgewogenheit der seelisch-geistigen Prozesse, den Organismus bei der Gesundung zu unterstützen.

Ganzheitlich orientiert

Aber auch das reicht noch nicht, denn das Leben hat noch viel mehr zu bieten. Von einem (annähernd) vollständigen Bild können wir daher erst sprechen, wenn weitere Elemente dazu kommen. In Abbildung 1 ist daher das ganzheitliche System nicht geschlossen. Einfache, übersichtliche Ursächlichkeiten sind selten, d.h. erst das Zusammenwirken vieler Komponenten ermöglicht ein angemessenes Verständnis. Wir sollten auch Abschied nehmen vom Ideal der klassischen Monokausalität, d.h. die eine (einzige) Ursache der Krankheit, die man dann nur zu finden und zu beseitigen braucht, gibt es nicht. Ein Zwerg kommt nicht allein über die hohe Mauer, aber sieben Zwerge schaffen es. Dieser komplizierten Konstellation will die Ganzheitliche Gesundheit gerecht werden, indem sie nicht nur weitere Lebensbereiche miteinbezieht, sondern auch deren Wechselbeziehungen untereinander berücksichtigt.

Nun ist die ganzheitliche Konzeption kein therapeutisches Verfahren, das nach bestimmten Regeln funktioniert (so wie es die somatischen und psychosomatischen Modelle tun), sondern versteht sich vielmehr als *Philosophie*. Ein Menschenbild, das primär auf individuelle Weiterentwicklung und Eigenverantwortung gegründet ist, erschöpft sich nicht in einzelnen Krankheitsmodellen, sondern ist ein integratives Prinzip an sich. Theoretisch stehen daher alle Therapieformen zur Verfügung – ohne an irgendwelche wissenschaftlichen oder ideologischen Dogmen gebunden zu sein. Das eröffnet quasi alle Möglichkeiten, birgt aber auch große Unsicherheiten, was den Umgang mit ihnen so schwierig und daher wenig attraktiv macht. Therapien mit klaren Aussagen oder Techniken haben es da leichter. Da aber die ganzheitliche Philosophie Zugriff auf alle der Gesundheit dienenden Verfahren hat, stellt sich für deren Einsatz die immens komplexe Aufgabe, die Frage zu beantworten:

Wann kann welches therapeutische Verfahren bei wem in welcher Weise wirksam werden?

Eine unendliche Geschichte?

Sehr wahrscheinlich! Die verschiedenen Begriffe „Psychohygiene“, „Psychosomatik“ und (mit Einschränkungen) „Ganzheitliche Gesundheit“ stimmen in vielen Teilen überein, weshalb im folgenden auch weniger Wert auf begriffliche Differenzierung gelegt wird – zugunsten einer Darstellung, die die Möglichkeiten einer praktischen Anwendbarkeit bevorzugt und die gemeinsamen positiven Perspektiven betont.

3. Zur Notwendigkeit einer umfassenden Gesundheitsphilosophie

Wäre das (noch weitgehend) übliche Verständnis von Krankheit und Therapie richtig, gäbe es immer weniger Kranke. Stattdessen steigen die Raten, und Krankheiten werden nur noch selten beseitigt, sondern eher verwaltet. Das müßte einen mutig Denkenden stutzig machen.

Gehen wir einmal zurück in die Zeit um die Jahrhundertwende, so finden wir unter den häufigsten Krankheitsformen ausschließlich Infektionskrankheiten. In diesen Zeiten wurden nach und nach die meisten Erreger entdeckt (was mit Nobelpreisen belohnt wurde) und auch die wirksamsten Gegenmittel gefunden (wofür es verdientermaßen auch Nobelpreise gab). Folglich sank die Häufigkeit der Infektionen, und die Menschen lebten auch länger. Das war die Hoch-Zeit der Medizin, und die Auswirkungen sind bis heute spürbar. Genauso gesundheitsfördernd und entscheidend beteiligt am Rückgang der Infektionskrankheiten – allerdings weniger spektakulär und nicht mit Nobelpreisen belohnt – waren die im selben Zeitraum verbesserten hygienischen Maßnahmen, so daß die Medizin ihren Erfolg teilen muß, was aber ihre Bedeutung nicht schmälert.

Diesen gesundheitlichen Erfolgen entstammt ein ebenso plausibles wie ehernes Paradigma:

Krankheitsursachen sind Erreger, und sind sie auch noch so klein, so müssen sie gefunden und vernichtet werden. Ist der Erreger beseitigt, so ist auch die Krankheit beseitigt.

Bei Infektionskrankheiten war dieses Modell erfolgreich – eben mit dem Ergebnis, daß weitgehend alle Infektionskrankheiten heute nur noch Nebenrollen spielen. Ist demnach die *Entstehung* bekannt, weil ein Erreger ausgemacht wurde, so ist dieses Modell uneingeschränkt das richtige. Die Patienten in Praxen und Krankenhäusern heute haben ganz andere Krankheiten: Rheuma, Arteriosklerose, Krebs, Asthma, Bronchitis, Hypertonie, psycho-vegetative Störungen, Depressionen usw. Der gemeinsame Nenner dieser Krankheiten liegt in der *unbekannten Entstehung.* Daß dennoch auch diese Krankheiten nach dem klassischen Modell behandelt werden, ist – eben wegen der mangelnden Wirksamkeit – schwer verständlich. Seltsamerweise stört sich kaum einer daran.

Nun könnte man argumentieren, daß irgendwann der Erreger für Rheuma, Krebs usw. schon gefunden wird. Aber wie lange will man noch darauf warten? Was tut man bis dahin? Oder ist vielleicht – wofür inzwischen vieles spricht – dieser Denkansatz für solche Krankheiten nicht anwendbar? Ein Zentimetermaß, das erfolgreich zur Messung von Strecken eingesetzt wird, taugt nicht automatisch zur Bestimmung des Gewichtes. Und mit einem Fieberthermometer kann man noch lange keine Intelligenz messen.

Doch warum werden Lösungen dort gesucht, wo sie offensichtlich nicht sind? Warum sucht der Betrunkene seine verlorenen Hausschlüssel unter der Laterne und nicht im Dunkeln, wo er sie verloren hat? Na, weil er hier was sehen kann und dort nicht! Außerdem hatte er sie schon einmal verloren und unter der Laterne wiedergefunden. Schlußfolgerung: Verlorene Schlüssel liegen immer unter einer Laterne, oder es wird nur dort gesucht, wo man was sehen kann.

Wenn Lösungen dort gesucht werden, wo sie nicht sind, so werden Krankheiten nicht nur nicht beendet, sondern verschlimmern sich noch und werden chronisch, wie folgendes typisches Beispiel zeigt.

4. Kein Entrinnen aus dem Teufelsviereck

Zu den häufigsten Symptomen zählen Kopfschmerzen und Schlafstörungen. Wenn keine eindeutig organische Ursache vorliegt, wie Tumor, Medikamentennebenwirkung oder Verletzung, ist die Entstehung wahrscheinlich psychosomatischen Charakters, wie es sich in den allermeisten Fällen erweist. Was jetzt folgt, ist der klassische Ablauf: Habe ich zum Beispiel Schlafstörungen, gehe ich zum Arzt und erwarte Abhilfe. Er wird mir ein Medikament verschreiben, das mich wieder schlafen läßt, und jetzt ist alles in gewohnter Ordnung. Klappt's nicht, na ja! Dann nehme ich ein paar Tabletten mehr ein. Klappt das auch nicht, bekomme ich ein anderes Medikament. Wenn alles dies – nach mehrmaligem Dosis- und Medikamentenwechsel – immer noch nicht den gewünschten Schlaf bringt, dann suche ich mir einen anderen Arzt. Der verschreibt mir wieder ein Medikament und so weiter...

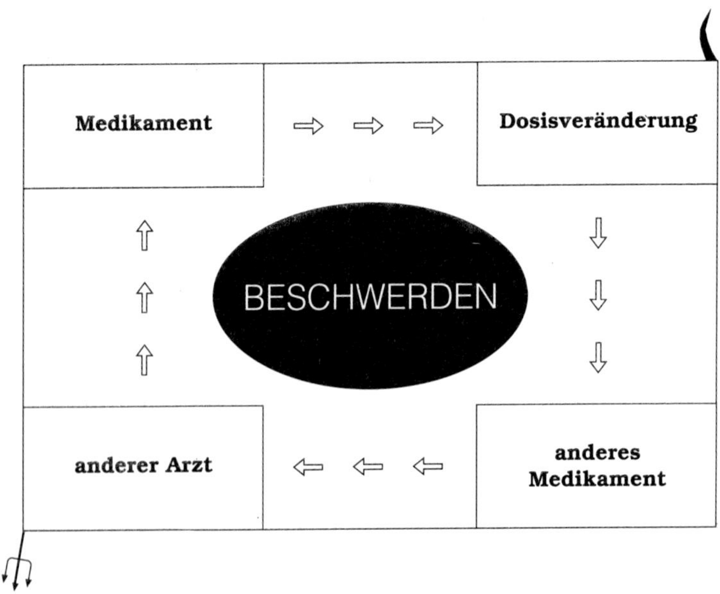

Abb. 2: Teufelsviereck

Da Medikamente letztlich nicht die Ursachen der Schlafstörungen beheben, sondern allenfalls für kurze Zeit den Schlaf herbeizwingen (was eher einem Betäubungszustand entspricht und daher weder natürlich noch gesund ist), stehen die Chancen gut daß ich jetzt zum dauerhaften Medikamentenverbraucher werde.

Wie geht es dann weiter, wenn es denn weitergeht? Wie komme ich raus aus diesem Teufelskreis beziehungsweise Teufelsviereck? An guten Ratschlägen aus dem Bekanntenkreis fehlt es nicht. Was hier geschieht, entspricht einem verbreiteten Prinzip: Weil sich keine bessere Lösung bietet, wird das alte Muster weiterverfolgt, obwohl es nicht zum Erfolg (sprich: Schlaf) geführt hat – zwar seltsam und unlogisch, doch alltäglich! Vielleicht schwingt da auch der Spruch mit: Besser etwas Falsches als gar nichts tun.

Nach einigem Nachdenken – bei Schlafstörungen habe ich eigentlich genügend Zeit dazu – scheint es mir logisch, daß die Lösung nicht innerhalb dieses Vierecks liegen kann. *Watzlawick* spricht in diesem Zusammenhang von vergeblichen Lösungen erster Ordnung dort, wo Lösungen zweiter Ordnung angebracht sind. Was bedeutet das? Nun, der Denkfehler der geschilderten Schlafherbeischaffungsmaßnahmen liegt darin, daß ausnahmslos Hilfe von außen gesucht wird. Kaum einer kommt auf den Gedanken, bei sich selbst nach Lösungen zu suchen. Er müßte also mindestens von der somatisch orientierten Sicht (Schlafstörungen sind biochemische Dysfunktionen und müssen daher chemisch reguliert werden) zu einer erweiterten Sicht gelangen, welche seelische und geistige Prozesse miteinbezieht. Also nicht fragen: „Wo ist der Arzt, wo das Medikament, das mir hilft?“ sondern „Was kann ich denn selber tun, zum Beispiel an meinem Verhalten, an meiner Denkweise, an meiner Lebenseinstellung, an meinen Konfliktstrategien, um mir selbst zu helfen?“

Daß man so etwas nicht automatisch umsetzen kann, wenn man es einmal als möglichen und richtigen Weg erkannt hat, ist ganz natürlich. Wenn ich zur Zeit nicht schwimmen kann, so habe ich doch grundsätzlich die Fähigkeit dazu. Vielleicht nehme ich die Hilfe eines Schwimmlehrers in Anspruch, vielleicht kann mir jemand anderes dabei helfen, aber ich komme nicht darum herum, einen Lernprozeß zu beginnen (so ich ihn überhaupt beginnen will), und dieser Lernprozeß hat seine Mühen. Doch was ist die Alternative? Schwimmbäder vermeiden oder zu verkünden, daß Schwimmen dumm sei?

Noch einmal ist festzuhalten: Es geht nicht darum, ein altes Modell zugunsten eines neuen aufzugeben, sondern vielmehr um sinnvolle Ergänzungen. In einem ganzheitlichen Verständnis sind demzufolge die somatischen und psychosomatischen Orientierungen enthalten, nur sind beide für sich genommen nicht vollständig. Was uns weiterhelfen kann ist demnach eine übergeordnete Konzeption – mit allen Möglichkeiten, bei gegebener Krankheitsstruktur auf die jeweils angemessenen Modelle zurückgreifen zu können. Das heißt zum Beispiel, daß bei Malaria und Verbrennungen das medizinisch-somatische Modell seine Richtigkeit hat, und bei Ängsten, (den meisten) Kopfschmerzen und Magengeschwüren das psychosomatische Modell vorzuziehen ist.

5. Sieben Thesen zur Ganzheitlichen Gesundheit

Beginnen wollen wir mit einer Begriffsbestimmung aus der Verfassung der Weltgesundheitsorganisation (WHO, 1946): „Die Gesundheit ist der Zustand des vollständigen körperlichen, geistigen und sozialen Wohlbefindens und nicht nur das Freisein von Krankheit und Gebrechen."

Wie schon deutlich wurde, hat die traditionelle Medizin – als Wissenschaft, der man gemeinhin die größte Kompetenz in Sachen Gesundheit zubilligt – nahezu ausschließlich die Behandlung und Reduzierung körperlicher Symptome zum Ziel. Weil aber diese Form der Heilbehandlung dieses selbstgesteckte Ziel zu oft nicht erreicht, konnten Bewegung und Philosophie der „Ganzheitlichen Gesundheit" überhaupt erst wachsen. Nur, so originell ist das alles gar nicht, denn schon *Hippokrates* stand vor dem Problem der Über-Spezialisierung in der Medizin, was ihn veranlaßte, nach ganzheitlichen Aspekten der Krankheiten zu suchen, d.h. eben nach übergeordneten Beziehungen und Strukturen. Krankheit war für ihn nicht ein zufälliges Geschehen, sondern stand in engem Zusammenhang mit den Lebensumständen. Die folgende thesenartige Darstellung will die wesentlichen Gedanken und Elemente der Ganzheitlichkeit zusammenfassend verdeutlichen.

1. Gesundheit ist das Resultat des Zusammenwirkens aller für das Leben bedeutsamen Komponenten.

Das System „Mensch" lebt in und von stetiger Auseinandersetzung und Wechselbeziehung: Informationen werden ausgetauscht, Stoffe aufgenommen und wieder abgegeben. Diese Wechselwirkungen gelten sowohl innerhalb des Organismus als auch für die Beziehung zur Umwelt. Das Funktionieren dieser Austauschprozesse nennen wir Gesundheit. Der Mensch als Teil der Natur funktioniert nach den entsprechenden Prinzipien des Lebens, und wenn ein Teil nicht funktioniert, so ist es im Ganzen spürbar. Das Konzept des Lebens ist ein ganzheitliches, d.h. es versteht sich als einheitliches, zusammenhängendes und kommunizierendes System.

Die grundsätzliche Einheit (hinter oder über allen Dingen) läßt es nicht zu, daß ein Teil das Ganze kontrolliert. Leben, Mensch und Natur sind demnach nicht etwas, das es zu beherrschen gilt. Die ganzheitliche Sichtweise versucht daher, das Wesen der Dinge zu erkennen, zu erleben und in Einklang damit zu leben.

2. Symptome treten dann auf, wenn gegen die Einheit des Ganzen verstoßen wird.

Werden Symptome nicht in ursächlichen Entstehungsbedingungen erkannt, wiederholen sie sich und werden chronisch. *Das Symptom ist nicht die Krankheit, sondern der Bote einer Störung.* Verstanden wird demnach das Symptom nicht als Feind, den man bekämpfen muß, sondern als aufschlußreiche Rückmeldung. Es gilt, seine Funktion zu erkunden, um die dahinter verborgenen (seelisch-geistig-körperlichen-sozialen) Prozesse besser zu verstehen und gegebenenfalls zu verändern.

Auch das, was ich an mir nicht will, ist ein Teil von mir und ein Teil meines Lebens. Weiser ist es, damit umzugehen, als es abzulehnen oder zu bekämpfen.

3. Das Zentrum jeder Heilung liegt im Menschen selbst.

Der Mensch hat „alles“, um gesund zu werden und zu bleiben. Damit sind alle biologischen, psychologischen und sozialen Ressourcen gemeint. Dazu gehören die körperlichen Selbstheilungskräfte ebenso wie die kognitiven, emotionalen und kommunikativen Anteile. Einiges davon ist genetisch determiniert, anderes lern- und entwicklungsfähig. Jeder Mensch hat mehr Kraft und Energie, als er glaubt, weiß oder ihm weisgemacht wird.

4. Gesundheit kann von außen angeregt und unterstützt werden – ihre Verwirklichung geschieht von innen.

Der Mensch ist mehr als einfach die Summe seiner Teile, und von daher versteht es sich von selbst, daß die Reparatur eines sogenannten „schadhaften“ Teils keine konstruktive Lösung ist. Auch wenn der Vergleich mit einer komplizierten mechanischen Anlage verlockend ist, bei der eine Reparatur die Funktionsfähigkeit wiederherstellt, so ist das menschliche eben kein abgegrenztes, in sich geschlossenes System mit einer überschau- und kontrollierbaren Logik. Therapeut, Arzt, die wissenschaftlich gesicherte Theorie, die richtige Information, die goldene Regel, die ausgewogene Ernährung..., sie alle heilen nicht! Aber sie können helfen, die Re-Integration der gestörten Beziehungen der einzelnen Teile herzustellen. Und sie können den Weg, die Entwicklung begleiten, die zur Kongruenz der Persönlichkeit führt. Jeder kennt seinen Organismus – besser als jeder Spezialist!

Jeder Mensch hat *seine* Geschichte, sein Lebens- und Verhaltensmuster, seine Fähigkeiten, seine Vorurteile, seine Bereitschaft und all die Dinge, die für seine Gesundheit von Belang sind. Alles dies ist nicht übertragbar, und das bedeutet für jeden einzelnen, seinen Weg zu finden, zu bereiten, zu entwickeln und zu entscheiden, ob, wann, wo und wie er ihn gehen will.

5. Ganzheitliche Gesundheit bedeutet Eigenverantwortung.

Darin liegt die Aufforderung zu klarem Denken, Mut zu Erkenntnissen und Entscheidungsbereitschaft. Das bedeutet gleichzeitig ein Verlassen der alten Vorstellungen, in seiner Gesundheit von den Spezialisten abhängig zu sein. *Abhängige Gesunde* brauchen dauernd Rat, Arznei, Unterstützung, Hilfe von außen, eben „Gesundheit an der Leine“.

Unabhängige Gesunde entwickeln Selbstheilungs- und Selbstgestaltungskräfte. Für sie ist Gesundheit nicht eine Frage des Schicksals, sondern eine Frage der Bereitschaft, sich eigener

Ressourcen bewußt zu werden, sie zu entwickeln und nutzbar zu machen. Eigenverantwortlich gesund zu leben bedeutet (noch), nicht „normal" zu sein, d.h. die Identifikation mit dem (noch) durchschnittlichen Bürger aufzugeben, der als „Patient" Krankheiten und Heilmittel hinnimmt. Eigenverantwortung bedeutet *nicht*, Hilfe von außen abzulehnen. Alle therapeutischen Möglichkeiten werden selbstverständlich gewürdigt und bei Bedarf in Anspruch genommen. Die Bedenken richten sich vielmehr gegen eine Chronifizierung der Außenhilfe, gegen die Abhängigkeit, die Bequemlichkeit und die Ansprüche, die daraus erwachsen. Jedes Gesundheitskonzept hat seine Möglichkeiten und Vorteile, und die können erkannt, bewertet und genutzt werden. Mit der Übernahme der Eigeninitiative reklamieren wir die Verantwortung für unsere Gesundheit und unser Leben, die wir (früher) an Ärzte, Therapeuten, Lehrer, Eltern, Chefs usw. abgegeben haben.

6. Eine grundsätzliche Ganzheitlichkeit verlangt von allen wissenschaftlichen Disziplinen Zusammenarbeit, Austausch und offene Organisationsformen.

Das mag eine selbstverständliche Forderung sein, doch zeigt die Realität etwas anderes: Konkurrenzdenken, Anspruch auf Kompetenz, Absprechen von Kompetenz, unterschiedliche Gewichtung der einzelnen, gesundheitsbildenden Komponenten, Reduzierung auf einfache Wahrheiten und Überordnung wirtschaftlichen Denkens. Die ganzheitliche Konzeption fragt nicht nach der Kompetenz, sondern: Welche Faktoren lassen sich im Dienst der Gesundheit nutzbar machen, zu welcher Zeit, in welchem Ausmaß, zu welchen Bedingungen und von wem?

So flexibel das System „Mensch" selbst ist, so flexibel soll der Umgang damit sein, wenn es um gesundheitliche Belange geht. Das setzt einen differenzierten, intelligenten und angemessenen

Umgang mit den jeweiligen Kompetenzen voraus und verlangt die Hintanstellung persönlicher Eitelkeiten.

---

7. Selbstgestaltungskräfte sind ganzheitlich: Entwicklung, Selbstbestimmung und Verwirklichung des Menschen

---

Das Erkennen von Bedürfnissen, die Ausbildung von Fähigkeiten und Fertigkeiten, Schulung des kritischen Denkens, angemessenes Miteinanderumgehen und Mut zu Entscheidungen sind Grundvoraussetzungen für diesen Prozeß. Lebendiges Geschehen ist nicht statisch, sondern verläuft dynamisch. Entwicklung ist Veränderung, und Krankheit ist eine Unterbrechung, die Signalcharakter hat. Demnach ist Krankheit etwas Konstruktives und verkörpert so etwas wie eine Monitor-Funktion innerhalb des menschlichen Systems.

Schlußfolgerungen

Wir wollen die verschiedenen Dimensionen des Lebens akzeptieren, d.h. wir sind unsere Seele, unser Körper, unsere Gedanken, unser Verhalten und ein Teil der Gemeinschaft. Drogen, chronische Medikamenteneinnahme, seelische Verdrängungen und Hinwendung zu Äußerlichkeiten hemmen und verdecken den Prozeß der Entfaltung. Was daraus folgt, und was wir daraus lernen können (nur wer will!), läßt sich in diese Zielvorstellungen kleiden:

- **Erkenntnisbestrebungen um die Bedeutung seelischer und körperlicher Veränderungen**
- **Aktivierung und gezielter Einsatz der Selhstheilungskräfte**
- **Persönliches Wachstum und Reife durch Selbstgestaltung**

Kapitel II: Das Grübel-Übel

Wörter können Berühmtheit erlangen, wie die steile Nachkriegskarriere des Begriffs „Streß" dokumentiert. Einmal in die Alltagssprache aufgenommen, wird er auch gnadenlos den grammatischen Regeln unterworfen: so besitzanzeigend als Hauptwort („ich habe Streß"), als Adjektiv („das ist stressig") oder als Partizip Perfekt mit emotionaler Tönung („ich fühle mich gestreßt"). Längst nicht mehr nur Modewort ist er inzwischen zum Statussymbol avanciert: Wer heutzutage „Streß" hat, demonstriert damit seine Identifikation mit der Leistungsgesellschaft, gehört dazu, hat Erfolg, „bringt etwas". Natürlich stöhnt er unter der Belastung, akzeptiert sie aber, auch wenn die Gesundheit zuweilen nicht mehr „mitspielt". Das ist nun mal der Preis der Zeit, denn „keiner bekommt heute etwas geschenkt". Trotz allen Klagens will man auch gar nicht mehr auf Streß verzichten, ist es doch gar so schön, damit hausieren zu gehen, darob bewundert zu werden und ihn auch gegebenenfalls als Entschuldigung zu benutzen. Somit wird Streß zum täglichen Begleiter – jeder hat ihn, jeder versteht ihn, und jeder schimpft über ihn. Und so kommt es zu einer paradoxen Situation: Wer Streß hat, leidet – wer keinen hat, macht sich verdächtig, ist ein Aussteiger, Arbeitsloser, allenfalls ein Lebenskünstler. Doch mit dieser gesellschaftlichen Variante wird der Streß nicht harmlos, sondern bleibt unangefochten Spitzenreiter aller Krankheitsursachen.

1. Streß ist eine Eigenproduktion des Gehirns

Objektivierbar ist Streß ansatzweise dann, wenn es um übermäßige körperliche Anstrengung, Hitze, Kälte, Hunger,

Durst und ähnliches geht, wobei die Wirkungen auch hier unterschiedlich sind. Interessanter ist der hausgemachte Streß, die Eigenproduktion des Gehirns – leider allzu häufig fähig, den Organismus „fertigzumachen“. Damit sind wir bei unserem Thema, nämlich den Verbindungen zwischen Denken, Fühlen und Körper.

Einfach dargestellt geschieht folgendes: Aktivitäten des Großhirns (zum Beispiel Grübeln, Konflikte) wirken auf das limbische System (Teil des Zwischenhirns) und erzeugen dort Gefühle (Ärger, Unzufriedenheit, Angst). Diese bringen – über Sympathikus und Hormonsystem – den gesamten Organismus in Unordnung und Aufruhr. Schlafstörungen, Verdauungsbeschwerden, Kopfschmerzen und Konzentrationsmängel sind nur die erste unangenehme Stufe der möglichen Auswirkungen.

Nun glauben viele Leute, daß es so etwas gäbe wie eine objektive Wirklichkeit, die über ein angenehmes (und gesundes) oder leidvolles (und krankes) Dasein entscheidet, d.h. die eindeutigen Tatsachen des Lebens, wie Alter, berufliche Inanspruchnahme, Einkommen, Partnerschaft und Familie, bestimmen den Grad unseres Glücks. Dem ist keineswegs so! Entscheidend ist allein die subjektive Lebensqualität, die Art und Weise, *wie wir unser Leben erleben.* Ich selber, also mein ganz persönliches Erleben, meine Interpretation der Wirklichkeit entscheidet darüber, ob, wie und wann meine physiologischen Programme loslegen. Machen wir uns das an Beispielen deutlich:

Ich spaziere nächtens durch den Wald und sehe plötzlich, daß sich etwas zwischen den Bäumen bewegt. Diese Wahrnehmung wird von meinem Großhirn überprüft und eingeordnet: entweder als „harmlos“, und dann bleibt im Körper alles beim alten; oder als „gefährlich“, was unmittelbar darauf im limbischen System das Gefühl von „Angst“ entstehen läßt. Blitzschnell wird über den Hypothalamus der Sympathikus „eingeschaltet“, der sofort alle Körperorgane und -funktionen aktiviert und in höchste Alarmbereitschaft versetzt.

Parallel und etwas langsamer gelangt ein Botenstoff vom Hypothalamus zur Hypophyse, die über Freisetzung des adrenocorticotropen Hormons (ACTH) das Nebennierenmark veranlaßt, Adrenalin auszuschütten. So wird auf hormonalem Wege eine besonders hohe körperliche Spannung und Reaktionsbereitschaft aufrechterhalten. Die sogenannten „Streßhormone" (neben Adrenalin auch Noradrenalin und Kortisol) erhöhen Blutdruck und Cholesteringehalt. Wenn sich die so entstandene physiologische Streßreaktion nicht „entladen" kann, zum Beispiel durch körperliche Aktivität, etwa im Sinn des steinzeitlichen „Kampf-oder Flucht-Verhaltens", wird der Streß quasi im Körper gestaut. Es entsteht ein hormonales Ungleichgewicht, das leicht zu hohem Blutdruck führt, der wiederum Nierenschäden zur Folge haben kann. Die verstärken den Bluthochdruck, und so wird der „Teufelskreis" perfekt. Körperliche Aktivität, die aus physiologischen Gefühlen hilfreich wäre, ist aus sozialen Gründen verpönt. Man zeigt keine Gefühle, besonders keinen Ärger, behält vielmehr die äußere Gelassenheit bei, was seinerseits schon allerhand Aufwand erfordert. Doch im Schädel kocht das Hirn, und die Versorgung des Denkens mit Grübelstoff ist für die nächste Zeit gesichert. Der körperliche Preis: Das Cholesterin wird nicht verbraucht, sondern lagert sich in den Arterienwänden ab. Das bedeutet langfristig eine Verengung der Gefäße und erhöht somit das Risiko arteriosklerotischer Krankheiten.

Ebenso gefährlich ist die Wirkung auf das Immunsystem, denn die wichtigsten Abwehrzellen, die Lymphozyten, werden dezimiert. Durch das so geschwächte Abwehrsystem erhöht sich nicht nur die Wahrscheinlichkeit für Infektionen aller Art, sondern auch die Bildung von Tumorzellen wird nicht mehr ausreichend verhindert.

Nun brauche ich nicht des Nachts durch einen Wald zu gehen, um so etwas zu erleben. Das Hirn ist ohnehin voll von Dingen, die es zum Schwerarbeiter machen. So klagen doch die meisten Menschen darüber, daß sie so gerne einmal „abschalten“ wollen. Aber mit Willenskraft funktioniert das offensichtlich nicht, und Ratschläge wie „mach Dir keine Sorgen“ oder „hör doch auf mit den sinnlosen Grübeleien“ sind locker dahergesagt. Schlimmer noch: Sie suggerieren, daß es mit etwas gutem Willen möglich sei, tatsächlich abzuschalten und dem rastlosen Hirn Ruhe zu verschaffen. Der Geplagte versucht es und scheitert. Möge der ungläubige Leser doch an dieser Stelle einmal den klassischen Versuch wagen, in der nächsten Minute nicht an ein Nilpferd zu denken... Hat es funktioniert? Bestimmt nicht! Noch schlimmer, denn in den nächsten Minuten werden wir das Nilpferd nicht los (Tip: Lassen wir es mitlesen!).

2. Phantasierte Probleme werden reale Probleme

Falls wir nicht selber dazu gehören, so kennen wir doch Leute, welche „die Birne voll“ haben: Zukunftssorgen, Existenzängste, Pessimismus und Katastrophendenken sind die Dauermieter im Hirn. Unkündbar. Solche Mitmenschen haben dauernd „Probleme“, und das ist auch ihr Lieblingswort. „Ich habe Probleme mit...“, so beginnen ihre Standardsätze. Sie haben auch ihre Lieblingsprobleme, wozu bevorzugt die eigene Gesundheit zählt. In solchen Fällen setzt sich oft eine verhängnisvolle Spirale in Bewegung, der bekannte „Teufelskreis“, der die „gedachten“ Probleme in „konkrete“ verwandelt. Das Wissen um die Symptome löst entsprechende Beobachtungen aus, welche die Symptome verstärken. Das führt zu vermehrtem Beobachten und steigert die Sorgen. Der Organismus wird aktiviert (s. o.), Streßhormone werden ausgeschüttet, das Immunsystem geschwächt und der nächsten Krankheit der Boden bereitet. Wegen seiner übersteigerten Furcht vor dem Herzversagen neigt ein „Herzphobiker“ dazu, seinen Herzschlag besonders zu beobachten. Eine irgendwann auftretende Extrasystole interpretiert er nicht als „harmlos oder normal“, sondern als „bedrohlich“, wodurch er in Angst gerät.

Das steigert seine Aufmerksamkeit und erhöht die körperliche Anspannung, die ihrerseits unvermeidlich die nächsten Extrasystole zur Folge hat. Diese wird als Bestätigung der vermeintlichen Gefahr gewertet und steigert die Alarmbereitschaft. So schaukeln sich Geist und Körper gegenseitig hoch, bis vielleicht tatsächlich ein Herzanfall eintritt. Dieser wird unglücklicherweise als Bestätigung für die Richtigkeit der Befürchtungen gewertet und so hat sich die verhängnisvolle Spirale im Organismus etabliert.

Also: Es sind nicht die äußeren Umstände, die für die gesundheitlichen Folgen verantwortlich sind, sondern das, was im Kopf geschieht. Die Dinge des Lebens sind nicht einfach „wichtig“ oder „unwichtig“, sondern ich mache sie dazu. Von *Epiktet*, einem griechischen Philosophen, stammt die Erkenntnis, daß es nicht die Dinge selbst sind, die uns beunruhigen, sondern die Meinung, die wir von den Dingen haben. Der Streß macht das mit mir, was ich aus ihm mache, und so betrachte ich manches als Bedrohung, manches als Herausforderung, erlebe Neugier oder Angst, fühle mich hilflos oder traue mir die Bewältigung von Problemen zu. Was dem einen Streß, ist dem anderen Vergnügen oder egal.

3. Der Unterschied zwischen Grübeln und Nachdenken

Wenn wir einmal den Begriff „Grübeln“ als Metapher verstehen und ableiten, dann stoßen wir auf das Substantiv Grube und das Verb graben. Das Bild wirkt insofern plausibel, als man den Begriff Nachdenken auch noch anschaulicher machen kann, zum Beispiel „tiefes Nachdenken“ oder „tiefschürfend nachdenken“. Jetzt sind wir beim Graben, d.h. ein gründlicher Denker gräbt – bildlich gesehen – eine tiefe Grube (und fällt selbst manchmal hinein). Eine tiefe Grube allein tut's nicht, es sollte auch dort gegraben werden, wo etwas zu finden ist. Und ein gelernter Denker hat schon vorher darüber nachgedacht, wo denn das Graben erfolgversprechend sein könnte. Eine Sache wird ergründet und dann beendet, wenn der Denker es für richtig hält. Das ist kein Streß.

Nicht so der „Grübler“, der eigentlich nicht selber „denkt“, sondern „gedacht“ wird. Er gräbt zwar auch, allerdings auf eine ganz andere Art. Zum einen gräbt er dort, wo „nichts zu holen“ ist, was er sogar meistens selbst weiß. Hier leistet er Erstaunliches in der Kunst des Grabens und hebt gigantische Gruben aus, zum Beispiel die Grube des Konjunktivs (vgl. u.), in der man alles Mögliche finden kann und doch nicht zufrieden ist. Aber besessen von der Idee, es doch noch zu schaffen, oder einfach, weil ihm nichts Besseres einfällt, gräbt er weiter. Nichts wird ergründet, weil nichts da ist. Das ist Streß.

Zum anderen begnügt er sich nicht mit einer Grube, sondern legt immer wieder neue Gruben an. So entstehen im Laufe der Zeit viele kleine Grübchen, aber „nichts Richtiges“. Und so wird mal hier gegraben und dort gegrübelt. Auf diese Weise kommt er viel herum, und es kommt wenig dabei heraus (aus den Grübchen). Nichts wird ergründet, weil das Vorgehen oberflächlich und dilettantisch ist. Das ist auch Streß.

Die körperlichen Reaktionen darauf sind nichts anderes als die folgerichtigen Konsequenzen dieser kognitiven Strukturen, d.h. der Art des Denkens. Doch des destruktiven Denkens nicht genug, werden die resultierenden Symptome beziehungsweise Beschwerden als „lästig, störend und unerwünscht“ empfunden. Der Zusammenhang, das Wechselspiel zwischen Geist, Seele und Körper wird nicht gesehen, und so geht dann der Auftrag an den Arzt, die lästigen Beschwerden zu beseitigen. Funktioniert das nicht, was es nachhaltig gar nicht kann, werden die aktuellen Beschwerden zu chronischen.

Ebenso chronisch werden dann Arztbesuche und Medikamenteneinnahme, plus all dem, was es sonst noch gibt; das „Teufelsviereck“ (vgl. Kapitel I) bekommt neuen Zulauf.

4. Das Handwerkszeug des Grüblers

Der Begriff „Grübler" ist nicht geschlechtsspezifisch zu verstehen, sondern umfaßt selbstverständlich auch alle Grüblerinnen. Männlein und Weiblein stehen sich da in nichts nach. Und mit „Handwerkszeug" ist korrekterweise das „Denkwerkzeug" gemeint, also die gedanklichen Formen des Grübelns. Hier gibt es beeindruckende intergrüblerische Gemeinsamkeiten.

Denkprozesse sind so eine Art „inneres Sprechen", und so wie jemand (zumindest formal) denkt, so spricht er auch. Das ist insofern von Belang, als wir dann am geäußerten Sprechverhalten die Formen und Muster – bei anderen und uns selbst – identifizieren können, die für Grübelstrukturen typisch sind. Wer von den Lesern sich beim Thema „Grübeln" bisher nicht angesprochen fühlt, wird im folgenden einige „Aha-Erlebnisse" haben: Denn Grübeln ist ein Verhalten, was nahezu jeder perfekt beherrscht, auch wenn ein paar vom Schicksal Bevorzugte die Fähigkeit haben, rechtzeitig Grenzen zu ziehen.

Wie wir schon gelesen haben, machen sich die Auswirkungen des Grübelns im Erleben bemerkbar. Das sind nicht nur die körperlichen Beschwerden, sondern auch psychische, zum Beispiel das „Selbstwertgefühl". Unter psychohygienischen und psychosomatischen Gesichtspunkten findet man regelmäßig Zusammenhänge zwischen Beschwerden und Denkmustern. Will ich – als Therapeut – also gesunde Entwicklungen in Gang setzen, kann und darf ich mich nicht auf die Reaktionen (Symptome) dieser Muster beschränken. Folglich ist ein Hauptansatz das Denk- und Sprachverhalten, und eine erfolgreiche Therapie beziehungsweise eine positive, beschwerdefreie Entwicklung zeigt sich in der Regel auch durch veränderte Sprach- und damit Denkmuster.

Die verbreitetsten Grübel-Muster sind folgende:

- Kausalsätze
- Absolutismen
- Müssen
- Konjunktive

Der Kausalsatz

Warum ist die Banane krumm?

Das soll nicht heißen, daß diese Fragen per se schlecht sind und abgeschafft werden sollen, sondern vielmehr geht es um eine inflationäre Anwendung, d.h. die Frage „warum“ wird oft dort gestellt, wo eine „Weil“-Antwort sinnlos ist und nicht weiterhilft. Fragt mich beispielsweise jemand, ob ich Lust habe, noch irgendwo ein Bier mit ihm zu trinken, so sage ich – falls ich nicht mag – einfach „nein“. Das ist die beste, weil klarste Antwort.

Doch jetzt geht's erst los: Warum hast du keine Lust? Was soll ich darauf sagen? Warum höre ich lieber Gitarren als Trompeten, esse lieber Schokolade als Lakritz, mag surrealistische Bilder lieber als expressionistische, schwimme lieber als daß ich radfahre, finde manche Leute auf Anhieb sympathisch und andere nicht? Warum ist für mich eine Antwort darauf belanglos? Wobei könnte mir die Antwort weiterhelfen? Bei gar nichts, denke ich. Und ich habe auch keine Lust, mich mit diesen Fragen zu beschäftigen. Die Zeit kann ich angenehmer verbringen, indem ich die Tafel Schokolade genieße, Gitarrenmusik höre und mir ein surrealistisches Bild betrachte. Gleich gehe ich zum Schwimmen, und ich freue mich darauf.

Anders ist es natürlich, wenn ich der Frage nachgehe, warum Krankheiten nicht geheilt werden, wenn man sich nur auf die Symptome einschießt. Ich bin bereit, in die Beantwortung dieser Frage eine Menge Energie zu investieren. Dies scheint mir nutzbringend und sinnvoll. Und ich habe gelernt zu unterscheiden, wann Kausalsätze angebracht sind und wann sie überflüssigerweise meine Energien auffressen.

Der unbelehrbare Grübler wird sich damit nicht zufriedengeben, sondern weiter Sklave der Prämisse bleiben, daß sich alles vernünftig erklären läßt, wenn man nur gründlich danach sucht. Hat er tatsächlich eine gute Antwort gefunden, könnte er auch zufrieden sein; nur, eine beantwortete Frage wirft neue Fragen auf, ähnlich dem Bedürfnis, das, wenn es erfüllt wird, sofort Junge bekommt (nach *Wilhelm Busch*). Einen Schritt weiter ist er gegangen, aber nicht vorangekommen. Schon bald bekommt er Kopfschmerzen, derweil ich entspannt meditiere.

Absolutismen

Nie tut jeder immer nur alles.

Der obige Satz ist genauso Nonsens wie die Verwendung der in ihm genannten Wörter. „Nie, immer, jeder, alle, keiner, nur", werden zwar häufig gebraucht, entpuppen sich aber bei genauerem Hinsehen als überzogen und wirklichkeitsfremd. Trotzdem machen sie oft Eindruck. Entsinnen wir uns an den Standardsatz aus der Kindheit: Alle anderen dürfen immer alles, nur ich nie! Fallen wir nicht auch darauf herein, wenn wir uns eines bestimmten Verhaltens unsicher sind oder ein bestimmtes Kleidungsstück nicht unbedingt passend finden? Wie schnell doch die Zweifel vertrieben werden mit dem erlösenden Hinweis: Das tun doch alle!

Haben Sie sich, lieber Leser, auch schon diese gräßliche Unsitte zu eigen gemacht, jede Kleinigkeit, die etwas Positives birgt, schon entzückt mit „super!" zu kommentieren? Ist Ihnen damit nicht schon die Fähigkeit der sprachlichen Nuancierung verlorengegangen, wenn Sie lediglich ein Schwarz-Weiß-Schema benutzen und Dinge eben nur mit „super" oder „ätzend" bezeichnen können?

Darin steckt auch unser Bedürfnis nach Sicherheit, nach einer einfachen Welteinteilung und nach festen Regeln, die das Leben überschaubar machen. Eine typische Frage in diesem Zusammenhang lautet: „Ist das immer so?" Ein klares „Ja" gibt uns klare Orientierung, obwohl ein „vielleicht" realitätsgerechter wäre. Aber ein „vielleicht" gefällt uns nicht, denn es läßt Unklarheit, Unsicherheit und Spannung zurück.

Fühlen wir uns nicht ungerecht beurteilt, wenn – im Falle einer kleinen Nachlässigkeit – unser Verhalten kommentiert wird mit: „Es ist immer dasselbe mit dir. Nur Ärger! Kannst du nicht ein einziges Mal wenigstens...?“ So etwas macht keine „guten“ Gefühle, sondern entläßt uns in die grüblerischen Wirren der eigenen Unzulänglichkeit, haut Kerben ins Selbstbewußtsein und kippt zusätzlich einen Kübel auf das Grübel-Übel.

Müssen

Wer muß, der muß nicht.

Nach dem Fußballspiel wird der Trainer nach seiner Einschätzung gefragt, und er beginnt: „Ich muß sagen, daß das Spiel...“ Wer hat ihn gezwungen, und womit? Manchmal müssen auch Leute „ganz ehrlich sagen, daß...“, was wohl heißen soll, daß sie sonst lügen.

Der Schüler konnte die Klassenarbeit nicht mitschreiben, weil er zu dieser Zeit zum Zahnarzt mußte. Klingt plausibel, verschweigt aber, welchen Aufwand es kostete, gerade diesen Termin beim Zahnarzt zu bekommen. Hier hilft das Wort „müssen“ aus einer Bredouille – suggeriert es doch, Opfer eines unbarmherzigen Schicksals zu sein, welches ein ganz bestimmtes Verhalten erzwingt. Ich selber habe keine Chance und – was noch besser ist – keine Verantwortung. So bin ich auch frei von Schuld, denn was will ich machen? Kann ich mich gegen höhere Gewalt auflehnen? Damit habe ich einen Beitrag zur eigenen Psychohygiene geleistet, habe kein schlechtes Gewissen und bin frei. Bin ich wirklich frei, oder zimmere ich mir selbst die Falle der ständigen Abhängigkeit vom vermeintlich kompromißlosen Schicksal? Wo bin ich denn frei, wenn ich nicht mal mehr eigene Entscheidungen treffen kann? Wenn ständig etwas anderes, Mächtigeres über mich bestimmt? Was ich selber kann, möchte oder will: uninteressant. Ich habe zu tun, was getan werden muß. Nur: Wer entscheidet das? Gibt es denn da jemanden, der sich traut, Entscheidungen zu treffen?

Seltsamerweise wissen viele Menschen – besonders Politiker – genau, was getan werden muß. „Wir müssen...“, so fangen viele Reden an. Tun sollen's aber die anderen; schließlich reicht es ja zu erkennen, was getan werden muß.

Fassen wir kurz zusammen: Die Benutzung des Hilfsverbs „müssen" beschneidet den Entscheidungsspielraum und vermeidet Verantwortung. Weiterhin dient es dazu, andere manipulierbar zu machen – sofern sie das „Müssen" schlucken. Oft genug funktioniert es, sogar so oft, daß die Anhänger der Eigenverantwortung schlucken müssen. In Wirklichkeit gibt es das Wort „müssen" nicht, sondern wurde erfunden als Mittel zum Zweck.

Doch schon „höre" ich den Einwand: „Aber ich muß aufs Klo!". Irrtum, mußt Du nicht. Du scheust vielmehr, den Preis dafür zu zahlen, diesem Bedürfnis hier – bei uns auf dem Sofa – nachzukommen. Ist auch gut so, aber Du kannst es treffender formulieren, etwa „Ich gehe jetzt aufs Klo." Reicht doch. Ebensowenig muß ich sterben. Ich werde sterben, das ist sicher und ausreichend formuliert. Muß das so unnötig verschärft umschrieben werden?

Der Konjunktiv

Großgrundbesitzer im Grübelland

Das Land der Möglichkeit ist unendlich. Nichts ist faßbar oder sicher, alles wird in Frage gestellt oder angedeutet. Der einzelne Konjunktiv existiert nur so lange wie eine Seifenblase, hat aber unendlich viele Nachkommen, die seine Art für immer sichern. Nun gibt es auch eine konstruktive Form des Konjunktivs, die klugerweise kalkulierbare Risiken begrenzen hilft. So werde ich beim Hausbau oder einer Exkursion in die Wildnis möglichst viele Möglichkeiten berücksichtigen, woran ich gut tue und mir das Leben erleichtere oder sichere. Der grüblerische Konjunktiv hingegen ist eine Metastase des Denkens, die – wie der Fluch der bösen Tat – stets fortzeugend Böses muß gebären.

Rein formal erkenne ich ihn an der verschwenderischen Benutzung der Hilfsverben „sollte, könnte, hätte, wäre, müßte, dürfte“. Sein fleißiger Helfer ist der Konditionalsatz, also der, welcher mit „wenn“ beginnt. Man delektiere sich an diesem grausamen Satz: „Wenn alles so wäre, wie es sein sollte, und ich hätte, was ich müßte, dann könnte ich, wenn ich dürfte.“ Der Konjunktiv läßt sich stets ein Hintertürchen offen, ja oft besteht das ganze Gebäude nur aus Hintertürchen.

Die Hauptwaffe des Schwarzsehers, der sich in seinem Pessi-Mist suhlt, ist der stetige Hinweis auf mögliches Unglück. Das ist seine Art der Psychohygiene, versucht er doch, gegenüber Enttäuschungen gewappnet zu sein, indem er sie einfach vorwegnimmt. Geht eine Sache allerdings gut aus, weiß er auch etwas Passendes zu sagen, denn „es hätte auch schiefgehen können“. Recht hat er.

Der Konjunktiv lähmt. Er bindet Energien, die nutzbar einzusetzen wären. Er blockiert Entwicklungen, indem er Entscheidungen verhindert. Die Fähigkeit, Entscheidungen zu treffen eingedenk des damit verbundenen Risikos, ist notwendiger Bestandteil einer funktionierenden Psychohygiene. Schließlich entsteht eine Vielzahl von Problemen und Beschwerden aus dieser Entscheidungsunfähigkeit. Der Konjunktiv ernährt sich von Angst – Psychohygiene und Entscheidungsbereitschaft ernähren sich von Mut und Vertrauen. Es ist wie in der Natur: Die Art überlebt, welche genug Nahrung findet.

5. Grübelschrottentsorgungskonzepte

Was tun? Ohne jetzt die Gedankengebäude verschiedener psychotherapeutischer Modelle zu referieren (wobei mir bewußt ist, daß viele Kollegen etliches dazu zu bemerken haben), möchte ich ein paar pragmatische Vorschläge machen – praxiserprobt und bewährt. Diese werden und können dem Einzelfall nicht vollständig gerecht werden, sind aber interessant genug und in der Lage, schnell ihre Wirksamkeit im Alltag zu beweisen. Dazu ist einiges an Neugier, Experimentierfreude und Ausdauer notwendig, denn Schwimmen läßt sich nun mal nur im Wasser erlernen und erleben. Wer dazu keine Lust verspürt, kann sich weiteres Lesen ersparen und Kaffee trinken, fernsehen oder weitergrübeln. Oder vielleicht doch lieber Tee trinken oder spazierengehen?

1. Vorschlag: Inkompatibilität

Gehe ich tauchen, kann ich nicht rauchen, d.h. beide Verhaltensweisen sind nicht miteinander vereinbar. Bezogen auf die Grübelmuster heißt das: Wenn ich beispielsweise den Konjunktiv vermeiden möchte, so gewöhne ich mir den Indikativ an. Hat sich der Gedanke beziehungsweise der gesprochene Satz auf den Indikativ festgelegt, so ist für den Konjunktiv kein Platz mehr; denn so eine Art „grammatische Bigamie" ist nicht möglich, also inkompatibel. Statt dessen lerne ich, meine Sätze mit „ich kann, ich will, ich darf, ich bin und ich werde" zu beginnen. Der erste mögliche Platz für einen Konjunktiv ist dann – wie bei der Reise nach Jerusalem – schon besetzt.

2. Vorschlag: Wahrnehmung und Bewußtsein trainieren

Wahrnehmen bedeutet, sich grundsätzlich in der Gegenwart aufzuhalten. Möglichkeits-, Vergangenheits- und Zukunftsformen sind ausgeschlossen. Hierbei sind verschiedene Ebenen zu berücksichtigen: Auf der Denkebene beginnen meine formulierten Sätze mit: „Ich glaube, ich denke, ich bin mir bewußt."

Auf der *Körperebene* und auf der *Gefühlsebene* – die sich interessanterweise sprachlich kaum unterscheiden – beginnen meine Sätze mit: „Ich fühle, ich empfinde, ich habe ein Gefühl von…“ Die Ebene der äußeren Wahrnehmungen entspricht den klassischen fünf Sinnen. Die Sätze beginnen demnach mit: „Ich sehe, ich höre, ich fühle (über die Haut), ich rieche, und ich schmecke.“

Je mehr ich so lerne, mir der Gegenwart bewußt zu sein, um so weniger – und da wollen wir hin – bleiben Platz und Zeit für die schlimmen Grübel-Komplizen, den Konjunktiv (der jetzt eine Menge seines Grundbesitzes abtreten wird), die stereotypen „Warum-Fragen“ und „Weil-Antworten“, die Zwanghaftigkeit des „Müssens“ (es sei denn, ich meine den Druck der Schließmuskeln) und die abnormalen Absolutismen (s. o.).

Stellen wir uns vor, daß wir an eine Art Elektroschockapparatur angeschlossen sind, die uns jedesmal dann einen schmerzhaften Stromstoß „verpaßt“, wenn wir eines der unerwünschten Wörter benutzen, also „könnte, hätte, immer, nie, nur, warum, müssen, sollte, wäre… usw.“. Ich bin mir sicher, daß dies eine unbarmherzig direkte und wirksame Hilfe wäre, uns auf lange Zeit von diesen sprachlichen Parasiten zu befreien. Ein differenziertes, geschärftes Bewußtsein wäre (hier ist der Konjunktiv angebracht) die Folge, ein positiver Schub an Lebensqualität. Doch den Apparat gibt es (leider) nicht, aber auf ähnliche Weise – wenn auch ungleich mühsamer – könnten wir verfahren, wenn wir den Aufmerksamkeitsgrad unseres Sprachbewußtseins steigern.

3. Vorschlag: Die Kunst des gesunden Bewertens

Fahre ich von Krefeld nach Moers, so sehe ich an der Stadtgrenze ein Schild, das die Höchstgeschwindigkeit auf 70 km/h begrenzt. Ich fahre 100 km/h und werde sogar noch von einem anderen Wagen überholt. Einige Kilometer weiter halten mich die Polizisten an. Meinen Hinweis, daß da noch jemand schneller gefahren ist, wischen sie beiseite: „Den haben wir nicht mehr gekriegt." Mein Hirn brodelt, und der Körper wird von Adrenalin überschwemmt. Das Ganze kostet einhundert Mark, und dann fahre ich weiter. Wie es jetzt weitergeht, werden die allermeisten nachvollziehen können. Mein Gedächtnis spielt alles noch einmal durch, der Konjunktiv hat seinen großen Auftritt („wäre ich doch woanders lang gefahren, was könnte ich alles mit dem Geld machen"), das Schicksal wird angeklagt („warum stehen die ausgerechnet heute hier"), die Gerechtigkeit wird beschworen („Den Raser haben die nicht erwischt")... usw.

Die Gespräche am Nachmittag stehen auch noch unter dem Einfluß dieser „Katastrophe", die Konzentration fällt schwer, und am Abend bin ich immer noch nicht frei. Die Polizisten sitzen mit am Abendbrottisch und verfolgen mich bis ins Bett. Wenn das noch nicht reicht, träume ich gar noch davon und bin am nächsten Morgen ungebrochen schlecht gelaunt. Jeder von uns hat so seine Erfahrungen mit den gedanklichen „Nachwehen" solcher Erlebnisse. So der übliche Ablauf.

Die Kunst des gesunden Bewertens, d.h. den Elefanten den Porzellanladen nicht „zerdeppern" zu lassen, sondern ihn elegant beizeiten wieder herauszulotsen, beginnt schon am Ortsausgang, nämlich bei dem Hinweis auf Geschwindigkeitsbegrenzung. Mit dem Schild „die erlaubte Höchstgeschwindigkeit beträgt 70 km/h" macht die Polizei mir ein Angebot: Du fährst maximal 70 km/h, und dann lassen wir Dich in Ruhe. Oder Du riskierst mehr, und dann kostet das etwas (vielleicht). Ich habe es riskiert und verloren. Mein Gedanke, daß ich schon etliche Male „ungeschoren" davongekommen bin, ist nur eine Denkfalle, in der ich mich – falls ich sie nicht schnell genug erkenne – hoffnungslos verfangen werde. Wenn ich im Spielkasino hundert Mark auf „schwarz" setze und es erscheint „rot", so ist mein Einsatz weg. Mein Protest beim Croupier, daß ich eigentlich vorhatte, doch auf „rot" zu setzen, wird diesen allenfalls amüsieren. Gelingt es mir demnach, die hundert Mark als Preis für zu schnelles Fahren zu akzeptieren und somit die Angelegenheit als ein Risiko-Spiel zu betrachten, so kann ich das Thema schon bald „abhaken". Nicht nur das, sondern ich gewinne außerdem einen entspannten Nachmittag, kann mich auf meine Gespräche konzentrieren, kann Abend und Abendessen genießen und ruhig schlafen. Ist das nicht einhundert Mark wert?

Folgendes Bild hilft mir dabei: Konjunktive, Kausalsätze, Muß-Sätze und Absolutismen stehen vor dem Eingang zu meiner Gedankenwelt und finden dort ein auf sie bezogenes Schild vor mit dem Hinweis: „Wir dürfen nicht hinein".

6. Psychohygienische und eigenverantwortliche Ansätze – an den Beispielen Hypertonie und Magengeschwür

Von Beschwerden geplagt, geht ein Mensch in die Arztpraxis und kommt als Patient wieder heraus – oft auf dem direkten Weg zur Apotheke. Das ist in der Regel schon alles, was sich zu Krankheit und Therapie sagen läßt. Wenn diese Prozedur annähernd so erfolgreich wie häufig wäre, erübrigten sich Überlegungen anderer Art. Dann wären die Protagonisten der Psychohygiene und Ganzheitlichkeit beschäftigungslos (und das wollen wir doch nicht, oder?).

Magengeschwür und Bluthochdruck sind meiner Erfahrung nach typische Vertreter der oben beschriebenen Mechanismen, d.h. sie sind sichtbares und fühlbares Resultat der inneren Prozesse, d.h. in der Hauptsache Konflikte und Grübeleien. Mittlerweile ist mehrfach deutlich geworden, daß eine symptomorientierte Therapie dauerhaft nicht helfen kann. In den folgenden Beispielen werden gerafft Symptome, Ursachen,

Therapie und die umfassenderen Empfehlungen aus ganzheitlicher, eigenverantwortlicher Sicht beschrieben.

Beispiel 1:
Geschwüre des Magens und des Zwölffingerdarms

Symptome

Druck- und Völlegefühl, Schmerzen nach dem Essen und nachts, oft auch Erbrechen, Appetitlosigkeit, allgemeine Schwäche. Oft auch keine Beschwerden, so daß es auch zu plötzlichen Blutungen und Magendurchbruch kommen kann (dann ist ein Arztbesuch erforderlich).

Ursachen

Erbliche Voraussetzungen (das klassische Argument der Schulmedizin), Nebenwirkungen von Azetylsalizylsäure (Aspirin) und Kortison bei langdauernder Einnahme, außerdem eine Reihe von anderen Medikamenten. Nach Unfällen oder Operationen ist ein sogenanntes „Streßulkus“ möglich, das sich in Stunden bilden kann.

Mittlerweile weiß man allerseits, daß die Hauptursache Streß ist, was dann meistens den „genialen“ Ratschlag nach sich zieht, doch den Streß zu vermeiden! Das eigentliche Übel ist allerdings der Streß (s.o.), den man sich selber macht, d.h. die Grübeleien und Konflikte, welche dann zu Gefühlen wie Angst, Wut, Ohnmacht führen. Das Denken kreist dann wieder und wieder um dieselben Themen; der „böse“ Nachbar, Arbeitskollege, Ehepartner, Verwandte (jetzt folgt eigentlich eine lange Aufzählung) wollen einfach nicht aus dem Hirn weichen. Entschlossene Aufforderungen, einfach nicht mehr daran zu denken, bewirken bekanntermaßen das Gegenteil. Also sitzt die Ursache der wirbelnden Gedankenflut wieder mit vorm Fernseher, liest mit die Zeitung, stört den Feierabend, liegt sogar mit im Bett und ist morgens nicht selten der erste Gast.

Es ist wie bei dem Hasen und dem Igel: Wohin der hektische Hase auch rennt – der Streß-Igel ist schon da. Und dessen Stacheln beschränken sich nicht auf das Hirn (was schon übel genug ist), sondern bringen auch den Körperhaushalt durcheinander. So piesacken sie den Magen dermaßen vehement, daß die Magensäure steigt. Geschähe dies einige wenige Male, wäre es noch auszuhalten, denn der Magen ist gutmütig. Aber so wird er gereizt und überreizt (d.h. die Streßtoleranzgrenze wird überschritten), bis er „sauer" ist.

Nun entsteht ein Reizmagen mit Schmerz, Völlegefühl, Druck und/oder eine Gastritis mit ähnlichen Symptomen. Wenn der Ablauf jetzt nicht wirksam unterbunden wird, wächst bald ein Ulkus (im Magen oder Zwölffingerdarm). Damit nicht genug: Sagt mir der Arzt, daß ich ein Magengeschwür habe,

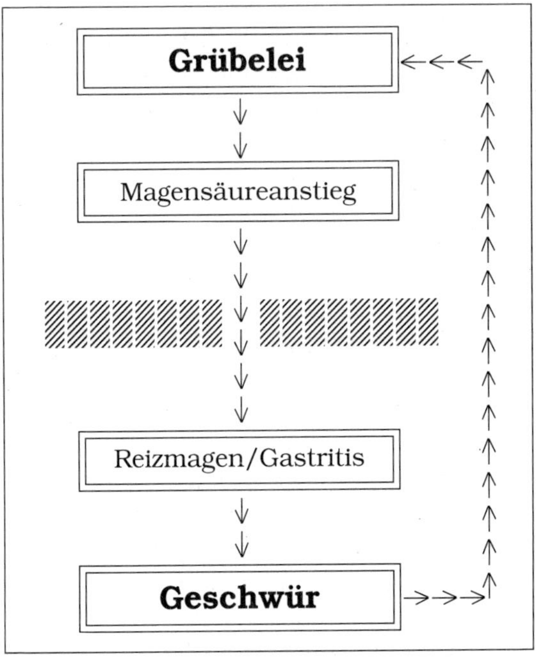

Abb. 3

habe ich etwas Zusätzliches zum Grübeln; denn mit dem Bewußtsein, ein Geschwür mein eigen zu nennen, ergeben sich kummervolle Konsequenzen für meine Lebensführung. Der Problemkreis ist geschlossen (vgl. Abb. 3).

Therapie

Aus der Darstellung wird leicht ersichtlich, daß mit der Wegnahme des Magengeschwürs das Problem nicht gelöst ist, wie viele Betroffene irrigerweise meinen. Denn die magensäuresteigernden Impulse (sprich: Grübeln) aus dem Hirn dauern fort, und so bildet sich leider oft genug ein zweites Geschwür. Jetzt droht die „Ausrottung" des Magens. Sicherlich hat der Internist recht, wenn er den Anstieg der Magensäure unterbinden will. Also gibt er entsprechende säurebindende Mittel. Den wirklichen Entstehungsprozeß im Kopf verhindert er damit nicht. Die Methode der „Vagotomie" (Durchtrennung einiger Äste des Vagusnervs, welcher für die Säurebildung verantwortlich ist) ist eigentlich pfiffig gedacht, hat nur oft den Nachteil, daß die übrigen bei Streß leicht „doppelte Schicht" fahren, d.h. das Defizit ausgleichen können.

Eigenverantwortliche Ansätze

Um den Prozeß der übermäßigen Magensäurebildung positiv zu beeinflussen, empfehlen sich dringend Entspannungstechniken. Besonders die Sonnengeflechtsübung des autogenen Trainings ist sehr wirksam, weil damit – auch schon nach wenigen Übungen – deutliche Erleichterungen zu verzeichnen sind. So kann man den angenehmen Effekt der Entspannung mit dem gesundheitlichen Nutzen elegant verbinden. Die interessanten Ursachen liegen allerdings im kognitiven Bereich, d.h. die Lebenseinstellung und die Art des Denkens sind – im Sinne der Psychohygiene – renovierungsbedürftig. Für einige erscheint das als Bedrohung, weil sie an ihrem Weltbild eigentlich nichts ändern wollen. Dennoch: Hier kann eine Psychotherapie sehr hilfreich sein, bei der Therapeut und Klient gemeinsam konstruktive und menschenfreundliche Formen des Denkens, des Umgangs mit anderen und vor allem mit sich selbst entwerfen können. Die verantwortliche Entscheidung liegt bei jedem Betroffenen selbst.

Beispiel 2:
Bluthochdruck (Hypertonie)

Symptome

Meistens keine, nur bei sehr hohem Blutdruck oft Herzklopfen, Unwohlsein und Kopfdruck.

Ursachen

Nebenwirkungen von Medikamenten, die Phenylpropanolamin enthalten, zum Beispiel bei einigen Schnupfen-, Grippe- und Schlankheitsmitteln. Außerdem Herz-, Drüsen- und Nierenkrankheiten. Bei 90 bis 95 Prozent der Erkrankungen lassen sich aber keine körperlichen Ursachen finden, dann lautet die Diagnose meistens „essentielle Hypertonie". Was das heißt? Frei übersetzt: Es gibt zwar keine erkennbare Ursache, aber eine Diagnose ist (warum auch immer) notwendig. Also kann behauptet werden, daß der Blutdruck einfach zur Konstitution des Patienten gehört, eben essentiell ist – also vererbt, wie seine Augenfarbe.

Therapie

Falls der Patient das glaubt und seinen „zu ihm gehörenden" Blutdruck akzeptiert, gibt es folgerichtig Medikamente, um den hohen Blutdruck zu zähmen. „Renner" sind die bekannten Betablocker, welche die Impulse des sympathischen Nervensystems auf Herz und Gefäße blockieren. Da Betablocker natürlich auch auf die anderen Organe wirken, haben sie auch ihren Preis in Form von allerhand Nebenwirkungen. Welche? Nun, zum Beispiel Benommenheit, kalte Füße, depressive Verstimmungen und Potenzstörungen. Seltsamerweise macht diese Therapie alle Beteiligten zufrieden: den Patienten, weil ihm geholfen wird (und weil er sonst nichts zu tun braucht, da der hohe Blutdruck nun einmal sein „Schicksal" ist); den Arzt, weil er einen neuen „pflegeleichten" Stammkunden hat; den Apotheker, weil auch ihm ein weiteres Abonnement Freude bringt, und schließlich die Pharmaindustrie, weil hoher Blutdruck auch hohe Gewinnspannen bedeutet.

Eigenverantwortliche Ansätze

Nehmen wir an, ich hätte Streit (den ich selbstverständlich nicht angefangen habe) mit einem Kollegen. Sofort steigt der Blutdruck von etwa 120 mmHg (normal) auf etwa 180 mmHg. So soll es auch sein, denn ein Streit ohne hohen Blutdruck ist nichts „Reelles". Nach heftigem Hin und Her geht der Kollege nach links (und schlägt die Tür zu), und ich gehe nach rechts (und schlage die Tür zu). Eigentlich könnte der Blutdruck wieder sinken, tut er aber nicht: Denn jetzt fallen mir die guten Argumente ein, die ich vorhin gebraucht hätte. In meinen Gedanken geht der Streit also weiter, und damit bleibt auch der Blutdruck hoch. Ist er nach einiger Zeit abgesunken, kommt ein anderer Kollege und fragt: „Hast Du Streit gehabt?". Das reicht meinem Blutdruck, er rast wieder nach oben. Später, als Feierabend ist und ich in meinen Wagen steige, sehe ich auf dem Parkplatz meinen Streitpartner. Mein Blutdruck – kaum, daß er sich etwas erholt hatte – klettert behende wieder hinauf. Mich langsam beruhigend und selbst beschwichtigend komme ich zu Hause an. Da attackiert mich meine Ehefrau/mein Ehemann mit der „harmlosen" Frage: „Wie war's im Büro?" Das läßt sich mein Blutdruck nicht zweimal fragen,... der Rest ist bekannt.

Später, beim Abendbrot, sind wir nicht allein. Mein Kollege sitzt zwischen uns, und ich schmecke das Essen kaum. Und jedesmal, wenn ich ihn rausgeschüttelt zu haben glaube, klettert er in meinen Schädel zurück. Danach versuche ich mich durch Fernsehen abzulenken, was nur für Augenblicke gelingt; denn schon bald sitzt er wieder da und zwingt mir seine Gegenwart auf. Gefragt, warum ich denn so unruhig sei, erzähle ich die Geschichte. Mit „Denk' doch einfach nicht mehr daran!" bekomme ich einen mehr freundlich gemeinten als tauglichen Rat. Gut gesagt, doch so schwer getan! Das ist wie mit dem Nilpferd und funktioniert auch nicht. Insgeheim drohe ich: „Aber wenn er noch mit ins Bett kommt, dann ist der Ofen aus!" Ob er sich davon beeindrucken läßt?

Wie man Abbildung 4 entnehmen kann, reicht es völlig aus, einfach an etwas Belastendes, emotional Erregendes erinnert zu werden, also es einfach zu sehen, darüber zu sprechen oder daran zu denken. Geschieht so etwas einmal im Monat, so kann das Gefäßsystem gut damit fertig werden; leider aber werden viele Leute von diesem Muster fast täglich tyrannisiert. Es gibt

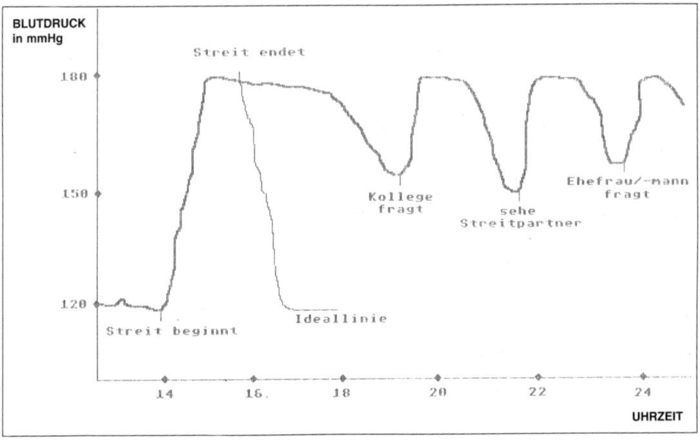

Abb. 4

ja auch – neben Kollegen – andere Streitpartner, wie Ehegatten,Eltern, Kinder, Verwandte, Nachbarn usw. Wie lange halten die Gefäße das aus? Was kann man denn – so eine chronische Medikamenteneinnahme verhindert werden soll – aus sich selbst heraus Wirkungsvolles tun? Eins ist dabei unbedingt zu beachten und 18mal zu unterstreichen: Mit ein paar Versuchen ist nichts getan! Wer zu schnell zu viel erwartet und sich von Mißerfolgen bald beeindrucken läßt, braucht die folgenden Vorschläge gar nicht erst zu lesen. Wer allerdings in der Lage ist, langfristig zu denken und zu planen, kann diese Vorschläge als intelligente Investition in die eigene Gesundheit verstehen.

Empfehlungen

- Sport treiben, möglichst was Ausdauerndes, wie Laufen, Radfahren, Schwimmen, dreimal pro Woche für etwa 20 Minuten
- Entspannungstechnik lernen, egal welche, zum Beispiel Autogenes Training, progressive Muskelentspannung, Meditation oder Yoga.
- Positiv Denken lernen, das heißt nicht, sich krampfhaft dazu zu zwingen oder oberflächliche positive Sätze zu murmeln. Fundierter ist es, etwa seine eigene Körperphilosophie zu überprüfen, um dann das gewohnte, konfrontative Verhältnis zum eigenen Körper in eine liebevolle, annehmende Beziehung umzuwandeln, also die Philosophie im Lebenskonzept zu hegen, die da beginnt mit „Der Körper ist mein Freund".

Und Ihr Freund leidet, wenn Sie an den Streit denken. Falls Ihnen das etwas ausmacht, steht jetzt eine klare Entscheidung an: Ist der Streit-Kollege wichtiger als der Freund? Sollen Gefäßsystem, Herz, Blutdruck, der ganze Körper den Preis dafür bezahlen, daß Ihr Grübel-Hirn permanent im seelischen Schrott herumwühlt'?

…Wie bitte? Sie können nichts dafür, daß Sie immer wieder an das Negative denken,? Wer ist denn für Ihre Gedanken verantwortlich? Das Schicksal, die Gesellschaft oder Ihr Kollege? Vielleicht das Tiefdruckgebiet über dem Atlantik oder die Ufos? Oder gar Sie selbst?

Kapitel III: Die Wurzeln der Zufriedenheit

Die Frage nach Zufriedenheit ist eng verknüpft mit der klassischen Frage nach dem Glück, und die ist so alt wie die Menschheit. Auch wenn diese Begriffe nicht einheitlich zu definieren sind, so haben sie doch einen gemeinsamen Nenner, nämlich ein zugrundeliegendes harmonisches Prinzip. Harmonie ensteht dann, wenn alle beteiligten Komponenten miteinander übereinstimmen, wie es das Klangbild eines Orchesters deutlich macht.

1. Fortschritt ohne Zufriedenheit

Die Weichen für meine Gesundwerdung und Gesunderhaltung werden im Kopf gestellt, und so sind Zufriedenheit und Harmonie die Weichensteller. Warum aber ist die Schar der erfolgreich praktizierenden Psychohygieniker so auffällig klein, gemessen am Heer der Unzufriedenen?

Der Mensch hat in Jahrtausenden gelernt, seine Fähigkeiten zu entwickeln. Er hat gelernt, zu denken. Gewaltige Fortschritte in Wissenschaft und Technik, umwälzende Veränderungen in der Geschichte haben ihn ganz schön weit gebracht. Nur ein wichtiger Teil der Seele hat mit dieser Entwicklung nicht Schritt gehalten befindet sich noch in der Steinzeit: die Fähigkeit, Zufriedenheit zu erlangen. Und eigentlich ging es von Anfang an ausschließlich darum! Salopp formuliert liest sich das so:

„Technisch top – seelisch flop!"

Die Philosophen der Antike setzten sich ausführlich mit dieser Thematik auseinander. Aristoteles schlußfolgerte im 4. Jahrhundert vor Christus, daß Glück um des Glückes selbst willen angestrebt wird: Alles andere, was man im Leben zu erreichen hoffe, wie Macht, Ruhm, Besitz, Schönheit, Stärke und Gesundheit, sei lediglich Mittel zum Zweck beziehungsweise Glück. Die zu allen Zeiten aktuellen Versuche, den Menschen quasi zum Glück zu zwingen, brachten viele Techniken hervor, die alle von der Annahme von Möglichkeiten totaler Selbstkontrolle ausgehen. Diese Kontrollmechanismen hatten (haben) die Zähmung der Triebe, der Gefühle, des Geistes und der Leistungsfähigkeit zum Ziel, und so versucht(e) man es mit zum Beispiel Meditation, Yoga, Drogen, Fasten, selbstquälerischen Torturen usw., je nach Zeitalter, Philosophie und Moralvorstellungen.

2. Was ist Glück?

Ist Glück nichts anderes als ein glücklicher Zufall? Kann jeder glücklich und zufrieden sein, wenn ein gütiges Schicksal es gut mit ihm meint? Kann man Glück gar kaufen oder erwirtschaften? Braucht man nur genügend Macht und Mittel, um es gefügig zu machen? Gibt es irgendwo einen Trick, ein Rezept, den Stein der Weisen? Oder ist Glück eine Sache der Psychologie, eine Frage der inneren Einstellung und somit beeinflußbar?

Dieses Thema läßt sich wahrscheinlich nur auf der persönlichen Ebene beantworten, d.h. Glück und Zufriedenheit sind das, was man glaubt, das es ist. Will sagen: Wer Glück als Folge von äußeren Ereignissen erlebt, auf die er selbst keinen Einfluß hat, der hat recht. Wer auf der anderen Seite Glück für etwas hält, das mit eigenen Bestrebungen beeinflußt werden kann und eine innere Bereitschaft für die entsprechenden Erfahrungen entwickelt, der hat auch recht. Entweder ist die Glücksgöttin Fortuna launisch, oder jeder ist seines Glückes Schmied.

Weitgehende Einigkeit besteht wohl darüber, wie Glück und Zufriedenheit erfahren werden, eben als Harmonie. Das bedeutet ein vollständiges „Eins-Sein“ mit dem, was wir fühlen, denken und tun, egal, wie lang dieser Zustand dauert. Die höchste Stufe solchen Erlebens wird oft als eine Art „ozeanisches Gefühl“ beschrieben, ist eigentlich aber unbeschreiblich. Ein Exkurs in die Geometrie bietet uns den Ausdruck „Kongruenz“, d.h. zwei Figuren, die total übereinstimmen, sind kongruent (und wahrscheinlich sehr glücklich).

3. Wir sind so frei, wie unsere Bedürfnisse es erlauben

Sind die Gleichgewichtsverhältnisse in unserem Organismus nicht ausgewogen, so spricht man von einem „homöostatischen Ungleichgewicht“. Habe ich also zu wenig Nahrung, so sendet mein Körper deutliche Signale, um das Nahrungsgleichgewicht wiederherzustellen. Die Stärke meines Hungers ist also abhängig vom Unterschied zwischen *Soll*- und *Ist*-Wert. Falls die ausreichende Versorgung meines Stoffwechsels mit Schokolade bedroht ist, d.h. zwischen *Ist*-Wert und *Soll*-Wert besteht eine große Lücke, wird mein Schokolade-Such-Verhalten aktiviert, und ich gehe zum Schokoladenfach oder gar ins Geschäft. Getan, gegessen, zufrieden: *Ist*- und *Soll*-Wert sind jetzt gleich.

Was für physiologische Vorgänge (Hunger, Durst, Wärme usw.) gilt, läßt sich auf psychologische Bedürfnisse übertragen. Die einzelnen Bedürfnisse unterliegen außerdem bestimmten Abfolgen: Ist mein Hunger gestillt, brauche ich Kleidung, danach ein Dach über dem Kopf und eine Mauer zur Sicherheit. Bedürfnisse nach Liebe, Anerkennung und Geselligkeit folgen bald, und vielleicht auch nach Macht und Einfluß. Noch weiter sind es spirituelle und philosophische Fragen, das Streben nach Erkenntnis und Sinn.

Mein Verhalten ist stets Folge eines Bedürfnisses mit dem Ziel: Beseitigung des Defizits zwischen dem, was ich wünsche, und dem, was ich habe. Mein Denken richtet sich dann – wie ein Scheinwerfer – auf einen bestimmten Bereich und setzt Verhaltensweisen in Gang, die das Defizit beseitigen und mein Bedürfnis erfüllen sollen. Wenn's funktioniert, entsteht ein Wohlgefühl. Funktioniert es nicht, kommt Frustration auf. Jetzt ist es an meinem inneren „Selbstmanagement" zu zeigen, wie es mit dem „Unbefriedigtsein" umgeht. Vielleicht werde ich aggressiv oder verzweifelt, verfalle in Apathie, bin gereizt oder werde gar krank. Vielleicht bin ich schon fähig, diese Frustration auszuhalten und sie in Energie umzuwandeln, die mir hilft, mein Bewußtsein auf andere, erfüllbare Bedürfnisse umzulenken.

Ich
brauche
nichts
Ich
fürchte
nichts
Ich
bin
frei

Nikos Kazantzakis (1885–1957)
Kretischer Schriftsteller (Alexis Sorbas)

Da bei den meisten Menschen diese Prozesse nur zum Teil über das bewußte Denken ablaufen, unterliegen sie oft reflexhaften Reaktionen, die nur selten zu den besten aller Verhaltensmöglichkeiten zählen. Psychohygienisch besser und empfehlenswert ist es, den Zustand nicht erfüllter Wünsche über das Bewußtsein mit entsprechender Philosophie zu begleiten, zum Beispiel sich darüber klarzusein, daß Umwelt und Gesellschaft nicht dazu da sind, meine Bedürfnisse zu befriedigen. Das Schicksal trägt mich nicht in einer Sänfte zum Ort der Erfüllung, sondern gibt mir ein paar Beine und etwas Verstand, auf daß ich mir den Weg selber suche – Abwege und Mißerfolge inbegriffen.

Möglicherweise begreife ich dann auch, daß Frustrationen nicht geschaffen werden, um mich zu ärgern, sondern daß sie ein Mittel sein können, den Erlebniswert der Erfüllung zu steigern. Nehmen wir an, meine Bedürfnisse A1, A2, A3 und A4 werden alle erfüllt. Bedeutet das Glück und Zufriedenheit? Kehrt da nicht eher ein Gewöhnungseffekt ein, der den Genuß schmälert? Oder schlimmer noch: Verlernen wir nicht dann, dem Erfolg die rechte Achtung und Wertschätzung beizumessen und berauben uns so selber eines Großteils an Lebensqualität? Werden die Bedürfnisse A1, A2 und A3 nicht erfüllt, A4 aber wohl, so ist das positive Erlebnis doch um etliches höher, oder? Die Erfüllung erhält so einen ganz anderen Stellenwert, den wir dem konstruktiven Umgang mit unserer Frustration verdanken.

4. Die Quellen der Unzufriedenheit

Trotz allgemeinen Wohlstands und trotz der heutigen Möglichkeiten, sich Wünsche zu erfüllen, die vor hundert Jahren noch Utopie waren, sind die Menschen unzufrieden. Sie leiden an Überdruß, ersticken in Langeweile und versuchen ziemlich kopflos alles, was Erfüllung und Zufriedenheit verspricht. Allenfalls kommt das heraus. was man auch „Kicks" nennt, also vergängliche Hochgefühle, die wiederum nur zu hektischer Suche nach neuen „Kicks" führen.

„Soll das etwa alles sein?", so fragen sich viele, die sich in der vielzitierten „Midlife-crisis" wähnen, und versuchen dann, dem

Leben noch die bisher vorenthaltenen Glückserlebnisse zu entreißen. Und so leiden sie weiter darunter, mehr haben zu wollen, als das Leben ihnen bietet. *Wilhelm von Humboldt* (1767-1835) bemerkte: *Die meisten Menschen machen sich selbst bloß durch übertriebene Forderungen an das Schicksal unzufrieden.* Keine Zufriedenheit ohne Bescheidenheit.

Wer hier Rezepte anbietet, hat große Aussicht auf eine reiche Anhängerschar. Wie wird man glücklich, reich, schlank, attraktiv, geliebt und erfolgreich? Wundermittel, Bücher, Kurse und Sekten finden heutzutage einen fruchtbaren Nährboden, der allerhand Ertrag verspricht. Dabei ist die Kritiklosigkeit imponierend, mit der Leute sich einfältiger und obskurer Methoden bedienen, wenn sie nur Glück versprechen. Aber es war schon immer so: Denn das Motto: „Wenig Aufwand – viel Gewinn" ist zeitlos wirksam, und so absurd kann keine Methode sein, daß sich nicht doch einige finden, die „da drauf abfahren". Wie kann ein halbwegs intelligenter Mensch glauben, daß Schlankheitstropfen dauerhaft schlank machen können, ohne daß die körperlich-seelischen Wechselbeziehungen von Stoffwechsel, Kreislauf, Eßverhalten, Lustgewinn usw. berücksichtigt werden? Einem solchen Zeitgenossen kann man auch internationale Sprachtropfen verkaufen, die ihn nach kurzer Zeit befähigen, Englisch, Französisch oder Kauderwelsch zu sprechen.

Das Übel liegt in einer bösen Verwechslung: Das Erwerben von Eigenschaften und der Besitz von Dingen, denen anscheinend das Glück innewohnt, garantieren keine Zufriedenheit. Man braucht nicht bloß schlank zu werden und danach stellen sich Attraktivität und Wohlgefühl automatisch ein. Neue, teure Kleider machen genausowenig glücklich – man denke an den bekannten „Kaufrausch" – wie exklusive Urlaubsorte oder das Luxusauto. Das Hochgefühl über das avantgardistische Design der überbezahlten Möbel weicht schon bald der erlebten Unbequemlichkeit, auch wenn man es sich nicht offen eingestehen will. Weitere Unzufriedenheit ist programmiert, aber welche

Konsequenz wird gezogen? Noch mehr Besitz und Erwerb, noch modernere Dinge und mehr Methoden, die nach neuesten wissenschaftlichen Erkenntnissen endlich doch Zufriedenheit „garantieren". Der Wohlstand nimmt zu, das Wohlbefinden nimmt ab. Neue Wünsche werden entdeckt und befriedigt, aber statt dauerhafter Erfüllung schießen nur neue Bedürfnisse ins Bewußtsein, und die Spirale der chronischen Unzufriedenheit ist um eine weitere Windung reicher.

Wahrscheinlich liegt das Glück in anderen Ländern, anderen Sitten und Religionen, anderen Ideologien und Kulturen. Die Jagd nach dem Glück ist wie der Versuch, den Horizont zu erreichen. Nähert man sich ihm, weicht er. Also muß man eben schneller rennen. Zufriedenheit ist nicht ein Ziel im Sinne von Zustand, den man irgendwann erreicht und dann ausgesorgt hat, sondern ist ein Prozeß, und das bedeutet Bewegung, Dynamik und Entwicklung. Nicht nur das, denn Zufriedenheit wird immer wieder neu erworben und speist sich demnach aus dem harmonischen Wechsel zwischen Erfüllung und Nicht-Erfüllung. Ich speise ja auch nicht am Montag und bin dann eine Woche zufrieden und satt; ebenso ist es mit dem Schlaf. Demnach sind Schlaf und Sattsein keine statischen Zustände, die Erfüllung bedeuten, sondern Teile eines übergreifenden Prozesses, zu dem natürlich auch die Gegenpole Hunger und Wachsein gehören. Das Geheimnis des Wohlbefindens liegt also darin, daß es sich bei der Zufriedenheit um einen ganzheitlichen Vorgang handelt, und ich tue psychohygienisch gut daran, dies wohlweislich fest in meinem Bewußtsein zu verankern und die Suche nach Zufriedenheit in mir selbst zu beginnen.

Fazit: Die Quellen der Unzufriedenheit liegen zum einen im überzogenen Anspruch der Menschen nach dem „Mehr" und der Unfähigkeit zur Selbstbescheidung, zum anderen in der einseitigen Suche nach Befriedigung in der Außenwelt. Um diese Aufgabe im psychohygienischen Sinn annehmbar bewältigen zu können, tut etwas Kenntnis not über die Struktur der Bedürfnisse und einen angemessenen Umgang mit ihnen.

5. Psychologische Bedürfnisse

Nach all dem könnten wir uns fragen, ob wir denn nichts anderes als Bedürfnisknechte sind? Nun, wir sind es, wenn wir es so sehen wollen. Entscheiden wir uns hingegen für eine partnerschaftliche, harmonische Sicht des Menschseins, so erkennen wir in den Bedürfnissen geniale innere Helfer, die es uns nicht nur ermöglichen, weiterzuleben und Schaden abzuwehren, sondern auch als integratives Prinzip Voraussetzung für ein erfülltes Leben sind.

Wenden wir uns nun einigen psychologischen Bedürfnissen zu, die von ähnlich existentieller Bedeutung sind wie die physiologischen, und damit wichtiger, als sie bei oberflächlicher Betrachtung scheinen.

Erstens:
Das Bedürfnis nach äußeren Reizen und Geselligkeit

Jeder Mensch benötigt eine bestimmte Menge an äußeren Reizen, der eine mehr und der andere weniger. Der jeweilige Bedarf richtet sich nach dem individuellen *Soll*-Wert. Gemeint sind die ganz alltäglichen Reize, die über die Wahrnehmungsorgane (Augen, Ohren, Haut, Zunge und Nase) ins Hirn gelangen. Dies ist insofern von Belang, als diese Reize so etwas wie Nahrung fürs Gehirn sind. Wenn das so ist, erhebt sich die Frage, was denn wohl geschieht, wenn dem Hirn diese Reiznahrung entzogen wird. Auch darauf gibt es Antworten.

Mit *sensorischer Deprivation* sind die Bedingungen des Reizentzugs gemeint, d.h. wenn alle äußeren Reize auf ein Minimum beschränkt werden. Dazu folgendes Experiment: Freiwillige Versuchspersonen bekamen eine speziell geschliffene Brille, welche nur Streulicht durchließ. Eingespieltes monotones Rauschen machte andere Geräuschwahrnehmungen unmöglich, während Armmanschetten dafür sorgten, daß Hautreize minimiert wurden. Dabei lagen sie auf einem Bett und hatten die – nur scheinbar leichte – Aufgabe, möglichst lange (wer es aushielt, mehrere Tage) nichts zu tun. Wie reagierten die Leute auf langdauernden Reizentzug? Nach einiger Zeit des Nachdenkens über alles mögliche fiel die Konzentration zunehmend schwerer. Die Affekte wechselten mitunter rasch und heftig, die Verwirrtheit nahm zu. Visuelle Halluzinationen drängten sich ins Bewußtsein, die Fähigkeit zur Orientierung ließ nach, und so mancher konnte kaum noch zur Toilette gehen. Nach dem Experiment dauerte es noch Stunden, bis die normale Wahrnehmung wieder einigermaßen funktionierte.

Das bedeutet: Mangel beziehungsweise Entzug von äußeren Reizen führt zu starkem Reizhunger. Geschieht diese Reizung nicht auf üblichem Wege über das Sensorium von außen, produziert das Gehirn selber Reize.

Weiteres wichtiges Resultat war eine ausgeprägte Affektlabilität, d.h. Gefühle und Stimmungen unterlagen starken Schwankungen. Schließlich sank die psychische Leistungsfähigkeit, wozu Konzentration, Intelligenz und Gedächtnis gehören, rapide ab. Nun kann man einwenden, daß dieses Experiment untypisch für das Leben ist. Man weiß inzwischen aber, daß ähnliche Bedingungen im Alltag, die geprägt sind von Monotonie und fehlender Reizvariation, ähnliche Reaktionen bewirken. Beispiele dafür, daß Menschen über längere Zeit solchen reizarmen Bedingungen ausgesetzt sind, fallen dem Leser sicherlich ad hoc ein, nämlich Krankenhäuser Altenheime, Strafanstalten, Kinderheime. Der phantasierte (oder gar erlebte) längere Aufenthalt in einem Streckverband macht das Thema wahrscheinlich schnell anschaulich.

Nun ist das Reizbedürfnis nicht bei allen gleich, ebensowenig wie jeder gleichviel Nahrung oder Wärme benötigt. Es gibt Leute, die eine hohe Quote an Außenreizen brauchen, um sich wohlzufühlen – wie Anton in der Abbildung 5. Kommt er, Anton, nach Hause, sorgt er zuerst für angenehme Reizbedingungen: Radio, Fernseher, Kaffeemaschine und Toaster werden angeschaltet, dann wird schnell etwas gegessen, getrunken und dabei gelesen, was auch bald langweilig wird. Er stürzt zum Telefon und trifft Verabredungen für den Abend. „Wir treffen uns in der Kneipe, Disco oder bei Euch, und wenn das nicht geht, kommen eben alle zu mir."

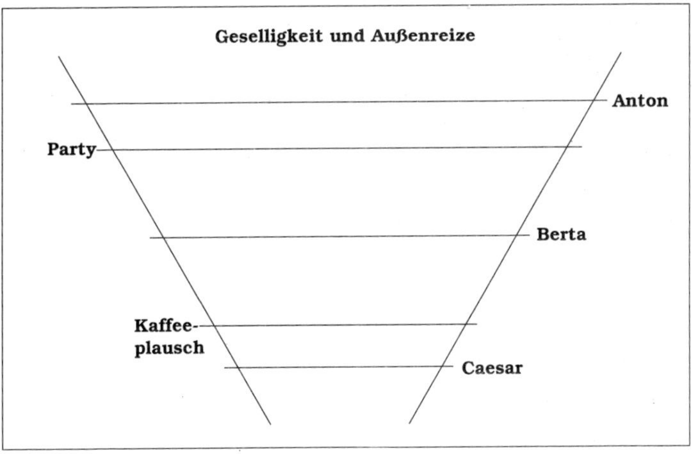

Abb. 5: Der Bedarf an Außenreizen ist unterschiedlich groß

Einem Reizsucher wie Anton steht der Reizvermeider Caesar gegenüber, d. h er benötigt selbstverständlich auch sein Quantum Außenreize, allerdings weitaus weniger als Anton. Also, Caesar kommt nach Hause und setzt sich erst einmal in den Sessel, allenfalls ausgerüstet mit einem Stück Brot und einer Zeitung. Ab jetzt will er von der Welt nichts mehr wissen. Für Anton undenkbar, aber Caesar fühlt sich wohl.

Man stelle sich vor, daß ein Anton-Typ und ein Caesar-Typ zusammen wohnen. Der Streit ist schnell entzündet. Die gemeinsame Abendgestaltung ist schon schwer behindert. Caesar an Anton: „Dauernd müssen wir irgendwohin, immer muß Remmidemmi sein, sind wir nicht woanders, kommen die Leute hierhin. Kann man nicht einen Abend mal allein zu Hause bleiben? “ Anton an Caesar: „Die ganze Zeit hocken wir hier zu Hause herum, bis uns die Decke auf den Kopf fällt. Hier passiert ja nichts, da gehen wir lieber unter Leute und machen was los.“

Sicherlich, auch Caesar will mal unter Leute, aber einmal im Monat ist genug. Anton bleibt auch schon mal zu Hause, aber nur sehr selten. Beide machen auch einen psychohygienischen Grundfehler, nämlich daß sie sich gegenseitig das Verhalten vorwerfen und nicht erkennen, daß es sich um einen Grundzug der jeweiligen Persönlichkeit handelt. Verliebt sich der Maulwurf in eine Nachtigall, so sieht es für ihre gemeinsame Zukunft finster aus. Der Maulwurf stellt sich ein gemeinsames Wandern durch dunkle, modrige Erdgänge vor, während die Nachtigall von gemeinsamen Ausflügen und zweistimmigem Gesang träumt.

Berta ist da schon in einer besseren Position; sie kann eine Menge mit Anton und auch mit Caesar gemeinsam tun. Auf einer Party (vgl. Abb. 5) herrscht große Reizvielfalt. Fängt diese um neun Uhr an, wird Caesar schon um zehn Uhr keine Lust mehr haben und nach Hause gehen wollen. Bleibt er länger, stürzt die Freude ab. Berta hält es bestimmt zwei Stunden länger aus, ehe ihr Reizhunger gestillt ist. Aber für Anton geht es um ein Uhr erst richtig los.

Bei einem Kaffeeplausch fühlt sich Caesar richtig wohl, er genießt Kaffee und Kuchen und freut sich über die private Atmosphäre. Anton kippt hastig zwei Tassen Kaffee hinunter, verschlingt den Kuchen und fragt nach einer halben Stunde: „Und was machen wir jetzt?“

Was stimmt denn nun? Ziehen sich Gegensätze an oder gesellt sich gleich und gleich gern? Beides stimmt, wenn man auf die Dauer achtet. Gegensätze können voneinander fasziniert sein, allerdings halten solche Verbindungen in der Regel nur so lange, bis der Zauber der frischen Fremdheit abgeklungen ist. Als langfristige Verbindung empfiehlt der Psychohygieniker, mehr auf das Maß an Gemeinsamkeiten zu achten. Wer unter den Lesern sich betroffen fühlt, zum Beispiel selber als Caesar einen Anton zu Hause hat, möge vielleicht einmal an eine Kontaktanzeige denken, die etwa beginnt mit: „Tausche Anton gegen Caesar…"

Wer sich jetzt wundert, auf welcher Bedürfnisdimension Menschen schon so unterschiedlich sein können, so daß gemeinsame Nenner kaum möglich sind, lese erst einmal weiter. Es folgen noch einige Beispiele für Harmonie und Disharmonie.

Zweitens: Das Bedürfnis nach Prestige und Anerkennung

Noch einmal sei betont, daß wir nicht fragen, ob jemand ein Bedürfnis hat oder nicht hat, sondern alle haben es; bei dem einen ist es nur gering, bei anderen von hohem Ausmaß. So kann man im allgemeinen auch recht leicht feststellen, ob das Bedürfnis nach Prestige und Anerkennung stark oder gering vorhanden ist, eben einfach am Lebensstil. Die Mittel zur Befriedigung dieses Bedürfnisses sind oft ebenso deutlich wie subtil. Gemeinsam ist allen, eine überaus starke Außenorientierung, d.h. Prestige wird nur von anderen zugebilligt. Autos. Kleidung. Reisen, Möbel sind die – weil offensichtlich – gebräuchlichsten Mittel. Feinere Methoden liegen in der Sprache. d.h. Verwendung von Fremdwörtern oder Fachbegriffen. Der Besuch eines teuren Restaurants macht auch mehr her als der der Pommesbude nebenan. Im Bücherregal fristen die Klassiker ein meist jungfräuliches Dasein, denn sie sind nicht zum Lesen gekauft worden. Ihre Wirkung ist allerdings ungleich imposanter als Stapel von Sonntagszeitungen oder Comicheften, obwohl letztere oft repräsentativer wären. Auch hier gilt: Das Bedürfnis bestimmt den Lebensstil, und so weiß man eben, wofür man arbeitet.

Drittens: Das Bedürfnis nach Sicherheit

Erst wenn etwas fehlt, erkennen wir seinen Wert. Diese Feststellung gilt in besonderem Maße für das Gefühl von Sicherheit. Versuchen wir uns einmal vorzustellen, was wohl geschähe, hätten wir kein Sicherheitsbewußtsein mehr. Wir wüßten nicht, ob genug zu essen vorhanden ist, wüßten nicht, ob wir unser Zuhause und unsere Arbeit behalten, haben vielleicht kein Geld mehr, ja wüßten nicht einmal, ob wir unsere Familie und Freunde je wiedersehen. Schlimmer noch: Wir wüßten nicht einmal sicher, ob wir wirklich die Person sind, die wir zu sein glauben. Je mehr diese Gewißheiten schwänden, um so größer würde das Chaos in unserem Kopf; Gedanken, Bilder und Gefühle würden bald explodieren, und das Günstigste wäre noch ein sogenannter „Nervenzusammenbruch".

Ganze Berufszweige, besonders Banken und Versicherungen, leben von der Sicherheit. Der Versicherungsvertreter attackiert unser Sicherheitsbedürfnis, indem er Bilder von großem Verlust und Unglück malt. Deren Eventualität können wir nicht leugnen, aber jetzt ist dieses schlimme Gefühl der Unsicherheit da... – doch schon naht Rettung: Der mögliche Schaden wird ersetzt. wenn Sie hier unterschreiben. Gesagt getan und Sicherheit gekauft. Es geht doch.

Lassen wir uns nicht leichter zum Kauf von Dingen überreden. wenn's eine Garantie darauf gibt? Können wir so dem Risiko ein Schnippchen schlagen und von den Unbilden des Schicksals unbehelligt durchs Leben gehen? Gibt es auch für die Liebe unseres Partners Garantien? Versichert sie/er mir ewige Liebe und Treue, so macht das gute Gefühle – sofern ich mir sicher bin. Dann sind meine Gedanken frei, und ich kann mich anderen Bedürfnissen zuwenden. Aber wenn es nicht stimmt? Kann ich ihr/ihm wirklich glauben? Diese Ungewißheit ist dann wie eine Metastase im Denken, es kehrt keine Ruhe (sprich: Sicherheit) ein, und mit der Gedankenfreiheit ist es vorbei. Sicherheit wäre Schutz – Schutz vor quälenden Gedanken und Gefühlen.

Menschen mit Zwangsgedanken oder Zwangshandlungen (wie Waschzwang, Kontrollzwang) wissen um den Wirbelsturm der Ungewißheit in ihrem Hirn, und sie wissen auch den Wert eines Sicherheitsgefühls wirklich zu schätzen, welches viele von uns haben und wie selbstverständlich damit umgehen.

Viertens:
Das Bedürfnis nach Ordnung und Genauigkeit

Die Information „Es ist kurz vor zwölf" löst bei einem Genauigkeitsanhänger Wallungen aus. Er haßt ungefähre Angaben, er will es genau wissen. Erst „Es ist genau neun Minuten vor zwölf" stellt ihn zufrieden. Wo kämen wir denn da hin, wenn man sich mit ungenauen Angaben begnügen würde? Der Zahnarzt soll doch genau wissen, welchen Zahn er denn ziehen soll, und nicht irgendeinen unten rechts. Auch der Chirurg bleibt nicht unaufgeklärt und erfährt, wo er den Blinddarm zu suchen und zu entfernen hat. In Vorträgen habe ich die Erfahrung gemacht, daß so mancher Zuhörer Aussagen in Zweifel zieht und genau erfahren will, aufgrund welcher wissenschaftlichen Untersuchungen dieses Ergebnis zustande gekommen ist. Überhaupt ist er sehr wissenschaftsorientiert und überzeugter Kausaldenker, d.h. er fragt fleißig „warum" und erwartet fundierte „Weil-Antworten".

„Ordnung muß sein" und „Ordnung ist das halbe Leben" sind seine Standardsätze. Entsprechend aufgeräumt sieht seine Wohnung aus, und sein Bücherschrank zeigt wohlsortierte Bände. Ich entsinne mich an eine Therapiesitzung, vor der ich einige Bilder absichtlich schief gehängt hatte. Mein Klient hatte deutliche Schwierigkeiten, sich auf das Gespräch zu konzentrieren und seine Augen wanderten stetig von Bild zu Bild. Erst später haben wir dieses Thema angesprochen, und er erinnerte sich, einen starken inneren Impuls gespürt zu haben, aufzustehen und die Bilder geradezuhängen.

Fünftens: Das Bedürfnis nach Vertrautheit

Jeder von uns hat in seinem Bekanntenkreis mindestens eine Person, zu der eine besondere Beziehung besteht. Diese Beziehung ist dadurch charakterisiert, daß eine besondere Sprache vorherrscht, die mehr persönlich, privat und emotional getönt ist. Dementsprechend sind auch die Themen anders: Es werden Dinge besprochen, die mit anderen zu besprechen undenkbar ist. Das kann der Ehepartner sein, Mutter, Vater, Bruder, Schwester, Freund, Freundin, Kollege, Nachbar oder auch der/die Psychotherapeut(in).

Diese Beziehung stellt alle anderen Beziehungen weder in Frage noch mindert sie deren Wert, doch irgendwie ist sie anders, und das ist psychohygienisch gesund und wertvoll; denn dieses Verhältnis kommt dem Bedürfnis nach Vertrautheit nach, was wohl so mancher erst merkt, wenn eine solche Beziehung einmal vorbei ist. Manchmal geht sie zu Ende, wenn der eine sein Vertrauen vom anderen mißbraucht sieht, und dann nimmt er sich vor, „nie wieder" einem anderen Persönliches zu erzählen. So verständlich diese Schlußfolgerung ist, so schlägt sie doch eine Kerbe in die Seele. Denn ein Bedürfnis wird blockiert, was möglicherweise dann den Anfang einer Kette von Mißlichkeiten und Beschwerden bedeutet.

Sechstens:
Das Bedürfnis nach Unabhängigkeit

Die Frau schlägt ihrem Mann vor, den Urlaub doch an der See zu verbringen. Er stimmt zu. Vielleicht könne man auch in die Berge fahren. Er stimmt zu. Oder doch dorthin, wo viel Wald ist? Er stimmt zu. Jetzt wird sie ärgerlich und wirft ihm vor, keine eigene Meinung zu haben. Er stimmt zu. Ob er denn überhaupt versteht, daß sie sich darüber ärgern könne? Er versteht. Wenn sie ihn fragt, was er denn zu Mittag essen möchte, so ist er mit allem einverstanden, weil ja alles gut schmeckt, was sie zubereitet.

Wieso ist diese Frau eigentlich unzufrieden? Sie erfährt keinen Widerspruch, ihr Mann billigt alles, was sie tut, und viele andere würden einen solchen pflegeleichten Mann sofort übernehmen. Die Crux ist in diesem Fall, daß sie ein – im Unterschied zu ihrem Ehemann – starkes Bedürfnis nach Unabhängigkeit und eigenen Entscheidungen hat und – noch wichtiger – einen Partner braucht, der dieses Bedürfnis interessant macht. Sie kann ja unabhängig entscheiden, nur fehlen die Grundlagen, welche Entscheidungen wertvoll machen, also Alternativen. Die „Egal-Haltung" ihres Partners ist wie das Tennisspiel gegen einen Blinden – ein Sieg hat keinen sportlichen Wert.

Eine sehr ausgeprägte Variante des Unabhängigkeitsbedürfnisses ist stark an der formalen, nicht an der inhaltlichen Entscheidung orientiert. Beispiel: Eine Schwester/ein Pfleger schickt sich gerade an, in das Krankenzimmer 212 zu gehen, um dort einem Patienten den Verband zu wechseln. In diesem Moment erhebt der Stationsleiter/die Stationsleiterin die Stimme und verlangt in rüdem Ton: „Sie lassen jetzt alles stehen und liegen und gehen sofort ins Zimmer 212 und wechseln den Verband! Aber ein bißchen plötzlich!" Anstatt aufzustehen und eben dies zu tun, was sie/er gerade ohnehin tun wollte, bleibt sie/er jetzt extra sitzen und erklärt: „Das tue ich jetzt nicht, weil ich erst noch … zu tun habe." Punktum.

6. Das Bedürfnisprofil

Die Ausprägung unserer verschiedenen Bedürfnisse, von denen die dargestellten nur ein Teil sind, kann man bildlich in einem sogenannten Bedürfnisprofil darstellen (vgl. Abb. 6). Es gibt Übersicht, welches Bedürfnis wie stark ausgeprägt ist. An den Beispielen Dagmar und Erwin möge dies verdeutlicht werden. Wichtig zu wissen ist, daß es weder gute noch schlechte Werte gibt. Ein ungeselliger Mensch (auch wenn das Adjektiv „ungesellig" eher unattraktiv klingt) ist nicht schlechter als ein geselliger und umgekehrt.

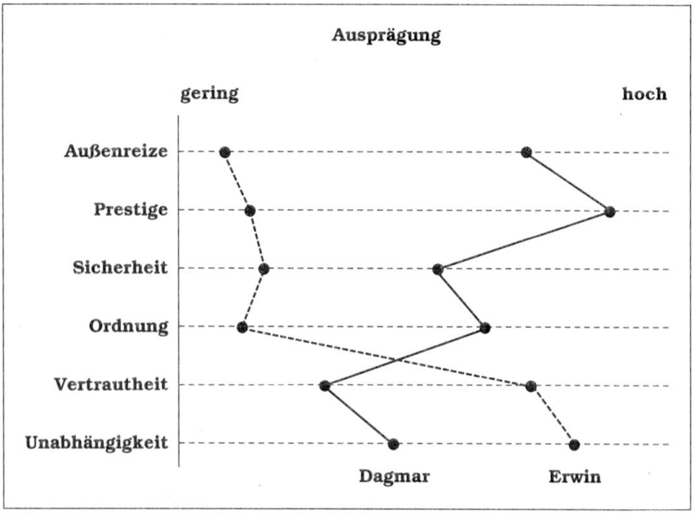

Abb. 6: Bedürfnisprofile verdeutlichen die Ausgangslage

Ob ein Mensch mit starkem Ordnungssinn liebenswert ist, mag jeder selbst entscheiden. Eine objektive Bewertung ist also unmöglich und hilft nicht weiter.

Aber eine subjektive Beurteilung kann viel Ärger ersparen, wenn es um Partnerschaft, Mitarbeiter oder Zimmerbelegung im Krankenhaus und Altenheim geht. Ein geselliger Patient braucht dringend Gesellen, weil sie zu seiner Gesundung beitragen. Ein zurückgezogener Patient braucht dazu genau das Gegenteil. Werden die beiden auf einem Zimmer zufrieden und schnell gesunden können? Wahrscheinlich nicht, denn die Vermeidung des Problems war nur im Vorfeld möglich und gehört damit zu den intellektuellen Aufgaben der Verantwortlichen für die Zimmerbelegung.

Die Bedürfnisprofile von Dagmar und Erwin (Abb. 6) sind offensichtlich sehr unterschiedlich, d.h. kontroverse Ausgangslagen machen ein zufriedenes Zusammenleben sehr unwahrscheinlich. Hoffentlich machen beide nicht den Fehler, ihre momentane gegenseitige Anziehungskraft, die auf Gegensätzlichkeit beruht, für beständig zu halten. Sonderlich originell wäre das nicht, denn darauf sind schon viele vor ihnen „reingefallen“.

7. Das Zufriedenheitsmanagement

Bei aller Klage über die Unzufriedenheit muß man ihr doch lassen, daß sie ein Quell nie versiegender Energie ist, die permanent neue Wege und Methoden sucht, doch das scheinbar Unmögliche wahrzumachen.

Chronische Unzufriedenheit bedeutet chronische Unruhe, und die kann – zumindest zeitweise – konstruktiv eingesetzt werden. Faust ließ sich drauf ein, daß Mephisto ihm besondere Macht verlieh, die aber in dem Moment beendet war, als er den gar so schönen Augenblick behalten wollte. Das heißt also: Faust hatte Macht, solange er unzufrieden war. Führen wir die Gedanken fort, welche sich mit den Quellen der Unzufriedenheit (vgl. oben) beschäftigen, so finden wir zwei üble, in allen Kontinenten verbreitete Grundmuster.

Zum einen besteht eine ausgeprägte *innere Orientierungslosigkeit,* die ihren Ausgangspunkt in den mangelhaften und fragilen Vorbildern aus Kultur und Gesellschaft nimmt. Stabilere Vorbilder und damit wichtige äußere Orientierungshilfen gab es früher häufiger und weitaus weniger umstritten; so waren die Leute mehr in Traditionen eingebunden, Eltern, Familie, Lehrer und religiöse Institutionen boten relativ klare Rahmenbedingungen.

Diese Leitfunktionen sind heute weitgehend in Frage gestellt und lösen nicht zuletzt deswegen eine gewaltige innere Unsicherheit aus, weil vergleichbare Alternativen fehlen. Das Innere ist in Unordnung und von Unzufriedenheit, ja Angst getränkt.

Die modernen Autoritäten, Wissenschaft, Technik, Medien, Werbung und Konsumgeister, locken mit Genuß und Erfüllung, entlarven sich allerdings bald als hohl und schal. Was früher oder später als bittere Erfahrung für den einzelnen bleibt, ist Unzufriedenheit. Und manchem erwächst sogar die Erkenntnis, daß diese modernen Leitwölfe nicht viel taugen, da sie mehr versprechen, als sie halten können.

Eine funktionierende Alternative, die Besinnung auf *innere Kräfte* und die Entwicklung persönlich relevanter Standards, ist erschreckenderweise vielen ebenso unbekannt wie undenkbar. Dabei verdankt der Mensch doch seinen Fortschritt eben den Leuten, die irgendwann nach neuen, eigenen Möglichkeiten gesucht und sie gefunden haben, indem sie sich an inneren Wegen orientiert und (vorher) Unmögliches möglich gemacht haben. Menschen, die sich von der Außenwelt nicht haben beeindrucken (sprich beherrschen) lassen, sondern – frei davon – ihr eigenes Potential entfaltet haben. Was das für Psychohygiene und Gesundheit bedeutet, wird noch erläutert.

Der in Abbildung 7 verwendete Ausdruck *internal* meint also die Betonung innerer Kräfte, die innere Orientierung und die *Eigenverantwortung*. Leute, die schwerpunktmäßig *internal* orientiert sind, glauben eher an ihre Rolle als Zimmermann im eigenen Hause der Zufriedenheit. Der Gegenpol erhält folgerichtig die Bezeichnung external, also die verstärkte Außenorientierung.

	internal	**external**
kurzfristig	**Kuno**	**Elke**
langfristig	**Lina**	**Axel**

Abb. 7: Innen-/Außenorientierung und Planungsrahmen

Zum anderen ist eine verbreitete Genußphilosophie auszumachen, welche die Möglichkeiten zur *schnellen Befriedigung* propagiert. Langfristige Perspektiven sind mühsam und daher unattraktiv. Warum sollte man auf Lustgewinn verzichten oder ihn herauszögern, wenn er jetzt möglich ist? Typische Autoaufkleber künden von dieser Einstellung des Besitzers: *I love Genuß sofort.* Die Finanzierung ist auch kein Hindernis, etwa nach dem Motto „Zahlen in Raten ist besser als warten".

Wer sich dem Zug der Konsumlemminge nicht anschließt, wird zuweilen als Fossil aus den Zeiten der Barzahlung belächelt. Die ausschließliche Fixierung auf die Zielerreichung geht natürlich sowohl zu Lasten des Weges wie auch zu Lasten des Gegenwartserlebens. Beides macht nicht zufrieden, sondern hält nur auf. Der Punkt des Zieles ist es, worauf gestarrt wird.

Ist er erreicht und doch nicht so schön wie erhofft, tritt der Wiederholungszwang auf den Plan, und alles geht von neuem los. Die alte Weisheit „Der Weg ist das Ziel" verkommt zu einem nichtssagenden Spruch.

Nun gibt es sie aber, die Leute, welche den obigen Spruch ganz anders verstehen: Leute, die erkannt haben, daß Zufriedenheit ein Prozeß ist und kein Zustand, den es einfach zu erreichen gilt, bevor zum nächsten Zustand geeilt wird. Ein *Prozeß*, der Lernen und Entwicklung bedeutet, der nur *langfristig* angelegt werden kann und der die Fähigkeit braucht, kurzfristig zurückstecken zu können. In Abbildung 7 bedeutet langfristig eben diese Perspektive und kurzfristig den entsprechenden Gegenpart.

Jeder Mensch hat seinen persönlichen Lebensplan – mit dem Ziel, Zufriedenheit zu schaffen. Und jeder bevorzugt dabei bestimmte Strategien. Diese sind, je nach Erfahrung und Einstellung, von unterschiedlicher Konzeption. Nehmen wir als Ausgangspunkt die Unzufriedenheit, welche zusammen mit Krankheit und Beschwerden auftritt.

Kuno, der laut Schema kurzfristig orientierte und internale Vorgehensweisen bevorzugt, will schnell alles selber machen, um davon loszukommen. Er läßt so bald keinen Arzt an sich ran und weiß genau, was rasch und wirksam hilft. Er geht in die Sauna, vertreibt das Zipperlein mit Alkohol, drückt das Geschwür selber aus oder verleugnet einfach seine Beschwerden, „reißt sich am Riemen" und ist ein „Indianer", der ja bekanntlich keinen Schmerz kennt. Auf jeden Fall ist er nicht zimperlich und beeindruckt durch radikale Lösungsversuche. Schwimmenlernen wäre nur ein kurzer Prozeß, weil er sofort ins Tiefe springt, wo ihm gar nichts anderes übrigbleibt.

Elke ist ebenfalls auf schnelle Erfolge aus, setzt aber mehr auf äußere Hilfe. Sie geht bereitwillig zum Arzt und greift alles auf, wenn es nur schnelle Linderung verspricht. Geblendet von der Aussicht auf schnelle Lösungen, hapert es oft mit ihrer Kritikfähigkeit. Vielmehr überläßt sie gleich alles dem Spezialisten.

Abhilfe bitte sofort, aber möglichst ohne eigenen Aufwand. Verspräche man ihr ein neues Wundermittel, welches den mühsamen Prozeß des Schwimmenlernens ersparen kann, würde sie das wahrscheinlich glauben.

Axel verspricht sich auch mehr von fremder Hilfestellung, aber sie sollte nicht gleich zu Ende sein, sondern kann ruhig lange dauern. Seine Energien setzt er lieber dafür ein, die Energien anderer zu mobilisieren. Er neigt zur Chronifizierung von Beschwerden, die zwar in ihrer Intensität schwanken (mal geht's besser, dann wieder schlechter), aber nie verschwinden. Er ist Stammkunde bei mehreren medizinischen Einrichtungen und ist relativ anspruchslos und pflegeleicht, obwohl er regelmäßig über Beschwerden klagt. Richtig schwimmen lernt er nicht, denn er mag sich nicht von seinen Schwimmflügeln trennen, und außerdem geht es so leichter.

Lina hat die Eigenschaften, die für eine optimale Psychohygiene notwendig sind. Zufriedenheit und Gesundheit sind für sie Lernprozesse, auf die sie eine Menge Einfluß hat. Sie strebt nicht den vollen Erfolg um jeden Preis an, sondern kann dosieren und Frustrationen ganz gut aushalten, wobei sie den Weg zu genießen weiß und die Bedeutung der Eigenverantwortung kennt. Äußere Hilfe wird von ihr nicht generell abgelehnt, sondern vielmehr an den richtigen Stellen gezielt eingesetzt, ohne der Versuchung zu erliegen, in eine bequeme Abhängigkeit zu geraten. Schwimmen lernt sie sukzessive, mit Freude am stetigen Fortkommen.

Schlußfolgerung:

Die Wege zur Zufriedenheit führen über einen intelligenten Umgang mit Frustrationen, angemessenen Ansprüchen, gesunder Widerstandskraft gegenüber schnellen Erfüllungsversprechen, Besinnung auf innere Gestaltungskräfte und die Fähigkeit zu langfristigen Perspektiven. Schwer genug.

Kapitel IV: Vertrauen ist gut – Kontrolle ist schlecht

Dinge lernen wir dann besonders schätzen, wenn wir sie entbehren. Ist unser Bewußtsein mit Schmerzen oder Angst erfüllt, so besinnen wir uns plötzlich auf den Wert der Gesundheit. Verschwinden die Symptome, so wird dieses „Freisein von Beschwerden" schnell wieder selbstverständlich Die Chance, Symptome als konstruktive Hinweise auf eine Störung im „Gesamtsystem Mensch" zu begreifen, wurde verpaßt. Aber sie kehrt wieder, und wieder... und wieder. Hier trennen sich die Geister des Verstehens: Entweder ist Krankheit ein Zustand, der schnell beseitigt werden muß, oder er gehört zu einem Prozeß, welcher dem einzelnen ermöglicht, Teile seines bisherigen Lebens zu reflektieren und intelligente Konsequenzen daraus zu ziehen.

1. Sicherheit durch Kontrolle?

Die „moderne Zeit" ist ja nicht deswegen modern, weil sie eine „bessere" Philosophie als die alte Zeit propagiert, sondern mehr wegen komplexerer Technik und einem übermäßigen Reizangebot. Damit werden ureigene Sicherheitsbedürfnisse geweckt und drängen mit Macht ins menschliche Bewußtsein. Das Gefühl, die „Welt im Griff" zu haben, schwindet zusehends. Eine moderne Digitaluhr zum pünktlichen Wecken zu veranlassen, verlangt schon eine ausführliche Gebrauchsanweisung. Das war früher mit dem kleinen Weckzeiger viel einfacher. So werden wir immer mehr in komplexe Abläufe eingebunden und verlieren dadurch sowohl Möglichkeiten als auch Fähigkeiten, „aus uns selbst" heraus zu handeln. Das Allheilmittel, um in solchen Lebensstrukturen Sicherheit zu bekommen, heißt „Kontrolle". Folglich bedeutet mehr Kontrolle auch mehr Sicherheit, und da man im allgemeinen nicht genug Sicherheit haben kann, kontrollieren wir noch mehr. Ein Begriff wie „Sicherheitsgarantie" ist in diesem Zusammenhang ein Zauberwort. Damit ist Kontrolle per se nicht schlecht, wie es die Überschrift besagt, sondern sie ist überall da schlecht und produziert noch mehr Schlechtes, wo andere Prinzipien gefragt sind. Gedanken und Gefühle kann man nicht kontrollieren, und deren Auswirkungen auf die Gesundheit sind Gegenstand dieses Themas. „Vertrauen ist gut, Kontrolle ist besser", so ist's jedermann bekannt. Das Prinzip scheint so einleuchtend, daß man es in allen menschlichen Bereichen für das Beste hält. Was dabei auf der Strecke zu bleiben droht, ist das Vertrauen. Nur, Vertrauen ist der Schlüssel zur Selbstheilung, und damit es nicht „wegrationalisiert" wird, möge das Folgende auch als ein Plädoyer verstanden werden.

Des weiteren ist auf eine dominante Struktur im täglichen Umgang mit Krankheiten hinzuweisen, welche die ganzheitlichen und eigenverantwortlichen Ansätze der Psychohygiene bis heute weitgehend erfolgreich blockiert hat: Die Verwechslung von Symptom und Krankheit sowie das daraus abgeleitete konfrontative Prinzip, welches den verbreiteten Therapien eigen ist.

2. Mein Körper – mein Freund

Mein Freund ist deswegen mein Freund, weil er mein Vertrauen hat. Auf dieser Basis können wir beide eine Menge zusammen tun. Tut jemand etwas, das mir gefällt, so ist es leicht, ihn als Freund zu betrachten. Tut er mir Übles, so ist die Freundschaft dahin. Aber ist es nicht unter Freunden möglich, Meinungsverschiedenheiten zu haben und dabei Freunde zu bleiben? Erwarte ich nicht gar von einem Freund, daß er mir auch Dinge sagt, die mir nicht gefallen, im Vertrauen, daß er mir damit hilft?

Wenn ich jemanden vom Bürgersteig auf die Straße schubse, so wird er mich schwerlich für seinen Freund halten. – Es sei denn, daß dort, wo er gerade noch stand, ein Dachziegel auf den Fußweg kracht.

Irgendwo ohnmächtig zu werden und danach als erstes die neugierigen und aufdringlichen Blicke der Umstehenden zu ertragen, ist fraglos ganz schön peinlich. Da fallen bestimmt Bemerkungen wie „Penner“ oder „besoffen“. Mein Körper, der mir das eingebrockt hat, soll mein Freund sein? Was für eine Frage! Und doch, wenn wir die Sache einmal anders betrachten: Eine Ohnmacht oder ein sogenannter „Zusammenbruch“ tritt erst dann ein, wenn vorangegangene Zeichen, wie Erschöpfung, Schwindel und ähnliches nicht beachtet wurden. Um die Versorgung des Gehirns zu sichern, kippt der Körper um und bewahrt uns so vor weitaus schlimmeren Schäden. Tut das nicht ein Freund?

Habe ich Hunger, Durst, bin müde oder der Blasendruck steigt, werde ich entsprechend reagieren. Diese Zeichen verstehe ich. Ob ich ein Buch lesen, spazierengehen oder fernsehen möchte, weiß ich wohl. Aber woher weiß ich das eigentlich? Was ist das in mir, was mich an bestimmten Orten wohlfühlen läßt und an anderen Orten nicht? Haben wir nicht oft bei bestimmten Dingen ein „komisches Gefühl“ gehabt, das sich später als berechtigt herausstellte? Und wenn wir mal genauer „hinfühlen“, so werden wir zum Beispiel schon früh auf eine Erkältung hingewiesen. Ein Hinweis unseres Freundes, den wir selbstverständlich auch ignorieren können. In diesem Fall wäre es nur fair, wenn wir den Preis dafür auch akzeptieren.

Jeder von uns verfügt über ein überaus pfiffig konzipiertes Arsenal von Selbstheilungskräften, welche – wenn auch mit etwas Mühe – dem Bewußtsein zugänglich sind und der Nutzanwendung harren. Das beginnt schon damit, die Beziehung zum eigenen Körper auf eine vertrauensvolle Basis zu stellen und in den vermeintlichen Feinden, den Symptomen, Zeichen zu erkennen, die weiterhelfen. Krank wird der Mensch dann, wenn er die Beziehung zu seinen inneren Prozessen verloren hat. Die gilt es zu entdecken und weiterzuentwickeln.

Über innere Bilder, Gedanken und Gefühle lassen sich unsere Selbstheilungs- und Selbstgestaltungskräfte positiv beeinflussen – für Neugierige und Ausdauernde. Es gibt nicht das Allheilmittel, welches das Ende aller Probleme bedeutet, auch wenn es permanent in den Köpfen umherspukt. Es gibt nur die eigenen Ressourcen, deren Nutzung in eigener Regie erfolgen kann. Das ist weniger eine Frage der Technik als ein grundsätzliches Verständnis um die Alltagsdinge. Und das beginnt mit der Wahrnehmung und Wertschätzung dessen, was wirklich und einzig ganz uns selbst gehört: Unser Körper.

3. Eine unheilige Allianz

Der Körper beziehungsweise das Symptom wird im allgemeinen als Feind betrachtet, der eliminiert werden muß. Demnach verbündet sich der Patient mit dem Fachmann zum Kampf gegen den eigenen Körper. Eine unheilige Allianz! Ein Kampf, der nie gewonnen wird, weil er endloses Beobachten und In-Schach-Halten bedeutet. Ein gelegentlicher Waffenstillstand ist das einzig Erreichbare, doch um welchen Preis der Lebensqualität?

Beispiel:

Einige tausend Meter über dem Ozean fliegt ein vollbesetzter Jumbo seinem Ziel entgegen. Plötzlich blinkt das grellrote Licht einer Lampe mit dem Schriftzug „Alarm“ auf. Was ist geschehen? Welche Gefahr droht? Nervosität und Angst breiten sich aus, und man verlangt nach dem Bordingenieur. Der schaut sich in aller Ruhe die blinkende Lampe an, greift in seinen Notkoffer, holt eine Zange heraus und schneidet kurzentschlossen die zur Lampe führende Leitung durch. Das Licht erlischt. „Das wär's“, sagt er dann. Jetzt ist alles wieder in Ordnung und man kann den Flug beruhigt fortsetzen. Spätestens nach dem letzten Satz drängt sich die Frage auf, wie naiv man denn wohl sein muß, um so zu handeln: Denn auch der schlimmste Laie weiß doch, daß mit dem Ausschalten der Lampe das Problem nicht gelöst wird. Ohne die notwendige Kontrolle oder Reparatur würde wohl keiner dieses Flugzeug noch einmal benutzen – allenfalls Verrückte oder Lebensmüde.

Ja ja, da könnte man schmunzeln, aber wer merkt, daß dieses Beispiel ein typisches Muster im Umgang mit Krankheiten ist, dem vergeht es bald. Sind etwa Symptome wie Schmerz, Fieber, Angst, Übelkeit, Schlafstörungen usw. etwas anderes als Alarmsignale? Sind sie nicht in der Hauptsache Boten einer dahinterliegenden Störung? Symptome melden eine Störung – sie sind nicht die Störung selber!

In der Praxis werden sie als die eigentlichen Übeltäter bekämpft und lahmgelegt. Einfaches Erfolgsprinzip: Wird keine Störung mehr gemeldet, so ist keine mehr da. Basta! Dazu werden Armeen von kleinen weißen und bunten Helfern mobilisiert, wenn man den Erlaubnisschein bei den dafür eingerichteten Depots vorweisen kann. Reicht das nicht, werden noch schwerere Waffen eingesetzt, bis die bösen Störungsmelder hoffentlich endlich aufgeben.

Der Schmerz ist der natürliche Feind der Analgetika, und die Erfahrung lehrt, daß er nicht aufgibt. So wogt der Kampf hin und her. Der aufmerksame Psychohygieniker weiß natürlich, daß im Rahmen dieses Konfrontationssystems eine befriedigende Lösung nicht möglich ist. Er weiß aber auch, daß man dazu weiter denken sollte, als ein Tablettenröhrchen lang ist, und mehr Kraft aufzuwenden hat, als nötig ist, ein Dragee aus der Folie zu drücken. Ist es nicht intelligenter, wenn die an diesem Dauerkampf Beteiligten sich einmal zusammensetzen und versuchten, sich gegenseitig besser kennenzulernen? Vielleicht erkennen sie dann, daß ein Krieg unnötig ist. Vielleicht haben sie Mut, auf Kontrollmechanismen zu verzichten und Vertrauen aufzubauen. Der Kampf gegen das Symptom wird häufig mit markigen Sprüchen begleitet, wie „das Übel an der Wurzel packen", doch leider ist das Symptom nicht die Wurzel. Da man aber die Wurzeln nicht kennt, hält man sich an das Symptom.

4. Bin ich gesund, wenn ich krank bin?

Eine solche Frage als Überschrift scheint unsinnig, weil sie offensichtlich schnell und eindeutig mit „nein" beantwortet wird. Der Leser mag sich jetzt – kopfschüttelnd ob solchen Uninns – den nächsten Beiträgen zuwenden. Aber irgend etwas macht ihn doch neugierig.

Einem Satz wie „Wenn ich Schmerzen habe, bin ich krank", kann wohl jeder zustimmen. Schlußfolgerung: Wenn ich keine Schmerzen habe, bin ich gesund. Da kommen schon Zweifel.

Als Patient bekommt der Arzt von mir den klaren Auftrag, die Krankheitssymptome zu beseitigen. Schafft er das, hat er mich gesund gemacht. Schafft er das nicht, bleibe ich krank. Beide sind sich einig im Verständnis von Gesundheit und Krankheit. In der Bevölkerung gibt es also immer zwei Gruppen, die Gesunden und die Kranken. Mal gehöre ich zur einen, mal zur anderen Gruppe. Versteht man Krankheit also auf der Symptomebene, so ist man eben krank, wenn man Symptome hat.

Wie „beschränkt" im wörtlichen Sinne diese Sichtweise ist, wird klar, wenn wir auf die *Systemebene* schauen. Der Schmerz beispielsweise, in differenzierungsfähiger Gesundheitslektüre gerne als „bellender Wachhund der Gesundheit" bezeichnet, hat zuvörderst eine Funktion: nicht die, uns zu ärgern, sondern die, uns zu warnen. Der Sinn von Warnsystemen ist doch, auf bestehende Störungen aufmerksam zu machen oder auf kommende Störungen hinzuweisen. Wer verkauft oder betäubt (mit Valiumwurst?) seinen Wachhund, weil der bellt und einem den Schlaf raubt – doch allenfalls ein Häuflein von Naiven?

Zu welchem Häuflein beziehungsweise riesigen Haufen gehören dann die, welche den Schmerz loswerden wollen, ohne zu fragen, wo denn da die Warnung liegt? Was geschieht dem, der Warnungen in den Wind schlägt? Da der Organismus ein Freund ist, wird er weiter warnen, auch wenn er nicht verstanden wird. Er greift zu stärkeren Signalen, verändert Art und Ort der Krankheitszeichen und inszeniert, wenn es ganz schlimm kommt, eine beeindruckende Beschwerdensymphonie. Die Psychohygiene versteht Gesundheit nicht als Freiheit von Symptomen, sondern vielmehr das Funktionieren des Systems. Merkt der Patient immer noch nichts, so muß er eben weiter bezahlen – nicht nur für Medikamente und die Krankenkasse.

Was soll er denn merken? Nun, die vorangegangenen Ausführungen sind der wiederholte Aufruf, das Prinzip der Kontroll- und Kampfmechanismen zugunsten einer vertrauensvollen Freundschaft zu sich selber aufzugeben. Wo Menschen künstliche und auf Technik gegründete Systeme errichten, sind Kontrollprinzipien angebracht. Sicherheitsbestimmungen für Atomkraftwerke, Verkehrsmittel oder epidemische Krankheiten sollten so oft wie möglich überarbeitet und mit maximalen Kontrollmöglichkeiten versehen werden. Doch die ungleich komplexer angelegten Systeme mit den Fähigkeiten zur Selbstregeneration, also alle biolologischen und damit auch der Mensch, läßt man weitestgehend in Ruhe. Das heißt für den Menschen: Ihm ist am besten geholfen, wenn er in Bedingungen leben kann, die seine Selbstheilungskräfte optimal zur Geltung bringen und so höchste Wirksamkeit (sprich:

Gesundheit) „garantieren". Jeder Versuch, ihm Heilung von außen aufzuzwingen, stört dieses innewohnende Prinzip. Echte Heilung kommt von innen getreu der Weisheit: medicus curat, natura sanat (Der Arzt behandelt, die Natur heilt).

Aber oft ist es nicht damit getan, die Heilung nur der Natur zu überlassen und einfach abzuwarten. Hilfe bedeutet nicht, daß ein anderer die Arbeit macht und ich mich gemütlich zurücklehne. Hilfe heißt Unterstützung, und dazu gehört ein gemeinsames Vorgehen. Und wenn der, der da mit mir gemeinsam vorgeht, mein Freund ist, steigt die Erfolgswahrscheinlichkeit. Schlafstörungen zum Beispiel treten nicht einfach so auf, sondern sind verbunden mit Körperspannungen und viel Hirnaktivitäten, also .,Grübelei" (vgl. Kapitel II). Mein innerer Freund gibt mir damit einen Hinweis auf die Ursache, die offenbar in meiner Lebenssituation zu suchen ist. Dazu kann ich mir Fragen stellen:

- Harmoniert die Familie miteinander oder gibt es da jemanden mit aktuellen Problemen?
- Ist die Ernährung ausgewogen?
- Stimmt alles im Beruf, oder wächst dort Unzufriedenheit mit Kollegen, mit der Tätigkeit, mit der Karriere?
- Gibt es vielleicht Mißstimmigkeiten in der Partnerschaft, will der Partner nicht so wie ich?
- Sind Selbstbewußtsein, Selbstwertgefühl und Selbstbild noch in Ordnung, oder gibt es da Dinge, die ich an mir verändern möchte?

Die Suche nach den eigentlichen, ursächlichen Störungsbereichen dauert natürlich länger als der Griff zur Tablette. Da gibt es auch sicher etwas, an das ich gar nicht erinnert werden möchte, was ich bisher erfolgreich verdrängt habe (auch ein Akt der Psychohygiene?) und was nur Unbehagen bereitet, wenn ich mich damit beschäftige. Also besser nicht? Auch hier haben Leute, die langfristig denken und planen können, einige Vorteile, denn sie wissen, daß sie eigentlich keine andere Wahl haben, als die Beschwerden/Symptome/Signale als Hilfestellung zu verstehen – auf dem Weg, sich ohne Beschönigung der eigenen Lebenssituation bewußt zu werden, sie zu überdenken und sie (manchmal braucht es gar nicht viel) anders und gesünder zu gestalten.

Oft genug erscheinen Ursachen ziemlich klar, entpuppen sich aber beim genaueren Hinsehen als viel komplizierter – vor allem dann, wenn die körperliche Ebene verlassen wird, um sich in das Dickicht psychosomatischer Zusammenhänge zu begeben.

5. Das Ursachengeflecht

Ich zitiere (leicht gekürzt) das Gespräch zwischen einem übergewichtigen Patienten und seinem Arzt, der einen hohen Blutdruck festgestellt hat:

P: *Wie komme ich denn an den hohen Blutdruck?*
A: *Weil Sie Übergewicht haben.*
P: *Was hat das damit zu tun?*
A: *Nun, der Körper muß sich mehr anstrengen, um alle Zellen zu versorgen. Deshalb erhöht er den Druck. Sie sollten abnehmen.*
P: *(ist noch nicht zufrieden): Warum habe ich Übergewicht?*
A: *(belustigt): Na, weil Sie offensichtlich zu viel essen.*
P: *(gibt nicht auf): Und warum esse ich so viel?*
A: *(lachend): Weil Sie so viel Hunger haben.*
P: *(offenbar unbelehrbar): Und warum habe ich so viel Hunger?*
A: *(gereizt): Weil Ihr Stoffwechsel in Unordnung ist. Und jetzt Schluß!*

Eigentlich ist bis hierhin alles einsichtig, denn letztlich ist der Stoffwechsel schuld. Nur wer, so fragt sich der Psychosomatiker, hat denn den Stoffwechsel veranlaßt, nicht mehr normal zu arbeiten? Jetzt wird es doch erst interessant, allerdings nur, wenn wir andere Ebenen mit einbeziehen. Versuchen wir einmal, dies zu berücksichtigen und das Gespräch fiktiv fortzusetzen:

P: *Was hat meinen Stoffwechsel in Unordnung gebracht?*

A: *Wahrscheinlich haben Sie irgendeinen Kummer, erleben mehr Frustrationen, als Sie vertragen können. Solche emotionalen Gegebenheiten wirken auf die Biochemie des Körpers, erzeugen Spannungen, die wiederum mit einen erhöhten Energieaufwand verbunden sind.*

P: *Was kann das für Kummer sein?*

A: *Vielleicht ist Ihr Anspruchsniveau so hoch, daß Ihre daran gemessenen Leistungen zwangsläufig immer minderwertig bleiben.*

P: *Warum ist mein Anspruchsniveau so hoch?*

A: *Es kann sein, daß Ihre Eltern von Ihnen stetig gute Leistungen verlangt haben. Vielleicht haben Sie nur dann Anerkennung gefunden, wenn Sie die Ansprüche Ihrer Eltern erfüllt haben.*

Wir sollten im Kopf behalten, daß die geschilderte Abfolge nur eine Möglichkeit darstellt, und wir sind auch an einem Punkt angelangt, wo weitere Ursachenforschung nicht mehr weiterhilft. Denn warum haben die Eltern so hohe Erwartungen? Liegt das wieder an deren Eltern?

Statt weiter ad infinitum Ursachen für die Ursachen zu suchen, ist es angemessener, den oder die Punkte in der Ursachenkette auszumachen, die eine Veränderung möglich machen. Einfach weniger essen und abnehmen funktioniert wohl nicht. Das wäre allzu mechanistisch gedacht und ließe wichtigere Zusammenhänge unberücksichtigt. Einige Leser haben mit Diäten allenfalls in Ausnahmefällen positive Erfahrungen gemacht. Interessanter ist es, sich den durch das überzogene Anspruchsniveau entstehenden Frustrationen zuzuwenden, und zwar sowohl durch die zu trainierende Fähigkeit, Frustrationen besser aushalten zu können, als auch durch Möglichkeiten, das unrealistische Anspruchsniveau zu senken. Das ist ein komplexeres Vorgehen und erfordert therapeutische Kleinarbeit, die eben nicht alle leisten wollen. Leichter ist es da schon, Schlankheitspillen zu schlucken oder einfach gar nichts zu tun und sich auf die blutdrucksenkenden Mittel zu verlassen.

6. Eine zweifelhafte Sicherheit: Sich „durchchecken“ lassen

Daß in den verschiedenen Gesundheitsbereichen immer wieder Wert auf Prävention gelegt wird, ist alle Zeit zu unterstützen. So werden folgerichtig Programme propagiert, deren Nutzen auf der Hand zu liegen scheint. Hier scheinen Schulmedizin und Psychohygiene sich einig, ist doch die „beruhigte“ Psyche ein stabilisierender Gesundmacher und -erhalter. In Mode gekommen ist der sogenannte „Check-up“, eine Überprüfung auf „Herz und Nieren“. Das klingt doch schon sehr gründlich und vielversprechend, aber was wird damit eigentlich ausgesagt?

Zunächst einmal sind die klinischen Werte – in Form von geheimnisvollen Zahlen und Symbolen – sehr beeindruckend. Liegen diese innerhalb der medizinischen Normen oder (ach du Schreck!) außerhalb davon? Bin ich krank, wenn ich nicht der Norm entspreche, obwohl ich keine Beschwerden habe? Oder bin ich gesund, wenn der Arzt mich offiziell für gesund erklärt? Was meine Gesundheit, mein Befinden, meinen Körper angeht – wer vermag das zu beurteilen? Um Mißverständnissen vorzubeugen: Ich begrüße die Möglichkeit des „Durchcheckens“ dann, wenn körperliche und seelische Befindlichkeitsveränderungen nahelegen, diese diagnostischen Möglichkeiten für ein klares Bild zu nutzen, welches dann eine wertvolle Hilfe sein kann.

Gegen die grundlosen „ Check-ups" spricht eine Menge: Eine „Gesunderklärung" (das häufigste Ergebnis) wiegt den Patienten in fragiler Sicherheit, denn sie erlaubt keine Prognosen hinsichtlich seines Zustandes morgen oder später. Meine Stimmung heute sagt gar nichts über meine Stimmung am nächsten Dienstag aus, d.h. die Vorhersagekraft einer solchen Analyse zum Zeitpunkt X hat dieselbe Gültigkeit wie die Vorhersage der nächsten Lottozahlen. Das Übel aber liegt eben darin, daß der Patient für sich daraus Sicherheit ableitet. Und dann wird er möglicherweise ein Symptom, das in ein paar Tagen auftritt, sträflich unterschätzen; denn er ist ja „gesund erklärt".

Seitens der Psychohygiene besteht noch ein gewichtiger Einwand: Patienten werden durch solche Untersuchungen verführt, die Verantwortung für die eigene Gesundheit an die Apparatemedizin abzugeben und sich vorbehaltlos auf die „Spezialisten" zu verlassen. Die Möglichkeiten, seinen Organismus besser wahrzunehmen, kennenzulernen, seine „Sprache" allmählich besser zu verstehen und eigene Selbstheilungskräfte zu mobilisieren, werden so verschenkt.

Nehmen wir an, die Untersuchung erbringt irgendwo einen kritischen Wert, zum Beispiel für die Leber. Der Arzt weist den Patienten darauf hin und fügt hinzu: „Diesen Wert müssen wir weiter beobachten". Das beste an diesem Satz ist vielleicht, daß er gut gemeint ist, ansonsten ist er ein Anschlag auf die Psychohygiene. Der Patient geht verunsichert nach Hause. Vorher hat er eigentlich nichts gespürt, jetzt ist er offenbar an einer kritischen Grenze. Der Satz: „Wir müssen den Wert beobachten", macht ihm Angst, denn wer ist wir? Der Arzt beobachtet in der nächsten Zeit nichts, und er selbst weiß gar nicht, was er denn da beobachten soll. Aber eins ist „rübergekommen".: Er sollte wachsam sein, sollte sein Befinden und seinen Körper immer kontrollieren – woraufhin immer auch. Der Satz hat in seinem Kopf ein Kontrollsystem etabliert, welches sich auf alles mögliche beziehen kann. Also muß er alles beobachten und kontrollieren. Ergebnis: Er ist in dauernder Aufmerksamkeit und Spannung, jede kleine Unregelmäßigkeit kann schon ein Zeichen sein, zur Sicherheit muß er weiter kontrollieren, in seinem Denken sitzt der Tyrann der Kontrolle.

Das heißt: Das Vertrauen in seinen Organismus ist verschwunden, jetzt herrscht Kontrolle, und die damit verbundene Spannung macht Befindlichkeitsstörungen immer wahrscheinlicher. Tritt später tatsächlich etwas „Schlimmes" auf, so war man ja darauf vorbereitet. Ein ebenso bekannter wie verhängnisvoller Teufelskreis. Die Schlußfolgerungen sind fatal: Das Vertrauensprinzip, das ohnehin wenig Chancen hatte, hat überhaupt keine mehr. Es wird noch mehr beobachtet und folgerichtig noch mehr kontrolliert. Im Bewußtsein entsteht ein feindliches Körperbild, bedrohlich und unberechenbar. Da hilft nur totale Kontrolle. Um die zu gewährleisten, werden noch bessere und teurere Apparate gebaut, die nicht nur noch eher Unregelmäßigkeiten entdecken, sondern auch noch kleinere aufspüren. So kann man noch eher behandeln, damit der Organismus wieder in den Normalbereich getrieben wird und sich hoffentlich da nicht mehr raus traut.

Dahinter verbirgt sich ein gefährliches Dogma, daß nämlich Abweichungen per se schlecht sind und sofortiger Intervention bedürfen. Die Toleranz, Schwankungen im Organismus als Resultat der Schwankungen im Gefühlsleben oder als situationsabhängig zu interpretieren, wird bedrohlich gering. Wer traut sich da noch zu, adäquate Einschätzungen vornehmen zu können? Jeder Spezialist stößt da an natürliche Grenzen. Wohl ihm, wenn er sich dessen bewußt ist.

Die letzten Reste eines positiven Körperbildes wären dahin, das Thema „Selbstheilungskräfte" obsolet. Aber wer weiß schon, wie Selbstheilungskräfte funktionieren und aktiviert werden können? Populärer ist die Einstellung zum Organismus, die man mit (Shakespeare möge verzeihen) „des Widerspenstigen Zähmung" bezeichnen könnte.

Aus meiner therapeutischen Arbeit kann ich bestätigen, daß die überwiegende Anzahl der Patienten über ein solches – ich meine destruktives – Körperbild verfügt. Viele Probleme und Beschwerden sind erst durch einen von Mißtrauen geprägten Umgang mit dem eigenen Organismus entstanden, wobei das „Urproblem“ oder das „Ursymptom“ schon weitgehend in den Hintergrund getreten ist. Damit wird deutlich, daß es sich langfristig nicht lohnt, einseitig auf den Symptomen „herumzuhacken“. Sinnvoller ist eine grunderneuerte Gesundheits- oder Krankheitsphilosophie, welche die bisher ungenutzten Fähigkeiten des Vertrauens in die eigenen Kräfte transparent macht und entwickelt. Der Körper belohnt den, der seine Zeichen zu deuten weiß.

7. Gesundheit durch Selbstannahme

Wie wir wissen, können Gedanken das Immunsystem stärken und schwächen. Ein von innerem Vertrauen geprägter Mensch ist in der Regel optimistisch, fröhlich, hat Platz für Spontanität und denkt eigenverantwortlich. Das bringt ihn schon gesundheitlich in einen Vorteil gegenüber demjenigen, der dem Kontrollprinzip „vertraut“, weil er sich den Energieaufwand spart, den letzterer für seine Kontrollen benötigt. Auf Vermeiden bedacht, pessimistisch, unsicher und eher zwanghaft ist bei diesem das Denken angelegt. Besonders fällt auch der Hang zur Selbstkritik auf, die chronische Unzufriedenheit mit sich selbst: Alles könnte man irgendwie noch besser machen, und wenn dann doch mal alles stimmt, meckert er immer noch, denn das hätte „schon alles eher so sein müssen“.

Die Bereitschaft, sich selbst anzunehmen, knüpft der „Kontrolleur“ an Bedingungen: „Erst müßte ich schöner, gesünder, erfolgreicher sein, bevor ich mich selbst akzeptiere.“ Da dies nie der Fall sein wird, gibt es auch keine Selbstakzeptanz. Also wird der Organismus weiter bekämpft und kontrolliert – bis nichts mehr geht.

Meistens stimmen Selbstbild und Wunschselbstbild nicht überein, so daß eine Ablehnung erfolgt. Nun hat aber der Weg über die Ablehnung seiner selbst noch nie zu Gesundheit und Zufriedenheit geführt. Nehmen wir an, daß ein geliebter Mensch, zum Beispiel ein Kind, krank geworden ist. Werden wir das Kind ablehnen, eben weil es krank ist und damit nicht so, wie wir es wünschen? Werden wir ihm sagen, daß es sich erst wieder blicken lassen möge, wenn es gesund und ansehnlich ist? Welch' unmöglicher Gedanke, mag sich der Leser sagen. Recht hat er. Wir werden es in seiner Krankheit akzeptieren, ihm noch mehr Zuwendung und Pflege angedeihen lassen und uns unserer Liebe zu ihm noch bewußter werden.

Aber verfahren wir genauso liebevoll und freundlich mit uns selbst, wenn wir mal krank und unattraktiv sind? Allermeistens nicht, aber gerade dann wären Liebe und Selbstakzeptanz besonders wichtig. Weshalb das so ist, wissen wir inzwischen. An dieser Stelle werden wir auf den zentralen Punkt unserer Philosophie gebracht: körperfeindlich oder körperfreundlich.

Man stelle sich zwei Mitmenschen vor, die zusammen in einem Büro arbeiten. Beide mißtrauen einander und warten nur auf Fehler des anderen, um dann entsprechend loszulegen. Vorwürfe, Rechthaberei, Argwohn und gegenseitiges Kontrollieren schaffen eine Atmosphäre, in der keiner sich wohlfühlt. Darunter leidet selbstverständlich auch die Effizienz der Arbeit. Wenn umgerechnet die Hälfte der Arbeitszeit damit verbracht wird, den Kollegen zu beobachten, bleibt nicht mehr viel Positives übrig. Der Chef täte gut daran, beide rauszuwerfen. Kann er es nicht, so können ihm nur Kreativität und Intelligenz helfen, die energiezehrende Struktur in eine andere, von Freundlichkeit und Vertrauen getragene zu wandeln. Hat er den Mut und die Geduld?

8. Der Termin mit sich selbst

Der wichtigste Beitrag, den Psychohygiene und ganzheitliche Gesundheit im Sinne dieses Themas leisten, ist philosophischer Art und lautet, auf eine kurze Formel gebracht: *Wer seinen Körper nicht ehrt, ist der Gesundheit nicht wert.* Zu betonen ist an dieser Stelle einmal mehr, daß ich meine jahrzehntelange (bewährte?) Philosophie nicht einfach wechsle wie die Kassette im Videorecorder. Rezepte gibt es auch nicht.

Aber ich kann Bedingungen schaffen, die mir erlauben, mich mit der Philosophie auseinanderzusetzen, sie zu kritisieren und Teile daraus anzunehmen. Auch dazu brauche ich Zeit zum „Verdauen". Was der Kopf als richtig erkannt hat, ist noch lange nicht Teil meiner Überzeugung geworden. Weiß ich den Weg, bin ich noch lange nicht am Ziel, aber ich kann schon mal losgehen.

Ein meiner Erfahrung nach sehr hilfreicher Teil des Weges liegt im *Termin mit mir selbst.* Dazu einige Erläuterungen: Wenn wir uns mit Leuten verabreden, dann nehmen wir die Termine auch wahr – mehr oder weniger großzügig. Je wichtiger uns

Abb. 8: Der Termin mit sich selbst = Dialog mit sich selbst

dieser Termin ist, um so sorgfältiger sind wir auf seine Einhaltung bedacht. Aber welchen Wert messen wir uns selbst bei? Unser Körper, unsere Gedanken, unsere Gefühle – das sind wir, einmalig und unverwechselbar.

Unser Körper ist der erste und letzte, den wir haben, und ein Austausch gegen ein neues Modell ist nicht machbar. Weshalb aber gehen so viele Leute so lieblos mit ihrem Körper um? Quälen die Haut auf Sonnenbänken, überladen das Blut mit Nikotin und Alkohol, stopfen sich die Mägen mit minderen Nahrungsmitteln voll, lassen ihren Bewegungsapparat vor dem Fernseher verkümmern und wundern sich dann, wenn der mit Beschwerden reagiert.

Um die lästigen Begleiterscheinungen loszuwerden, bekommt der Körper Tabletten, die er gar nicht will, aber schlukken muß. Jetzt ist alles in Ordnung. Falls die Symptome wieder auftreten oder auch Nebenwirkungen – kein Problem! Der chemische Fortschritt wird's schon richten, und die Krankenkassen bezahlen. Wer davon überzeugt ist, daß ein chemisch gezähmter Körper ein solides Fundament für Gesundheit ist, vermag dem Termin mit sich selbst keinen Wert beimessen. Der kann auch mit Entspannungstechniken, zum Beispiel autogenem Training, Meditation, progressiver Muskelentspannung usw., nichts anfangen.

Wir benötigen nicht nur Essen, Kleider, Seife und Urlaub, um etwas für uns zu tun; da fehlt noch etwas Persönliches, etwas, das uns ganz allein betrifft, so etwas wie Nahrung für die Seele. Etwas Gesundes, Positives, Konstruktives, was die inneren Kräfte anspricht und würdigt: Kräfte der Selbstheilung, wenn wir die körperliche Dimension meinen; Kräfte der Selbstgestaltung, wenn wir an unsere persönlichen Ziele und Bedürfnisse denken.

Anderen kann man doch am wirkungsvollsten Gutes tun, indem man zunächst etwas für sich selber tut. Ein Mensch, der mit sich selbst nicht übereinstimmt, ist zur Hilfeleistung ungeeignet. Persönliche Kongruenz, also die Übereinstimmung aller

Teile, die meine Person ausmachen, kommt von innen. Mut ist gefragt, Mut, mich auf mich selbst einzulassen. Je differenzierter ich mich wahrnehme, je besser ich mich kenne, um so harmonischer kann ich mit mir selbst und meiner Umwelt leben.

Dazu brauche ich Zeit und Gelegenheit, aber solange andere Dinge wichtiger sind, wird nichts wirklich Wichtiges geschehen. Der Termin mit mir selbst ist die Voraussetzung für diesen Prozeß. Nun mag mancher fragen: „Was tue ich denn beziehungsweise was tun wir denn konkret, wenn ich den Termin mit mir selbst einhalte? Sitze ich einfach herum und schaue in die Gegend?" Der Termin mit sich selbst ist primär eine Frage des Bewußtseins, d.h., ich kann eigentlich tun, was ich will, nur sollte es im wachen Bewußtsein des Gewahrwerdens meiner selbst geschehen.

So kann ich mich zum Beispiel entspannen und meine Körperreaktionen wahrnehmen. Ich kann etwas essen und mein Bewußtsein auf die Geschmackserlebnisse richten. Ich kann schwimmen und auf meine kinästhetischen Empfindungen achten. Ich kann die innere Achtsamkeit auf meine Gefühle lenken und ihren Weg der Änderung verfolgen. Gedanken und innere Bilder entstehen fortlaufend, die ich dabei beobachten und in ihrer Entwicklung begleiten kann. Wichtig ist bei jedem Erleben, daß mein Bewußtsein ein achtsamer Begleiter ist. Was gibt es Interessanteres an Gesellschaft als sich selbst? „Das ist aber langweilig", könnte so mancher jetzt denken. Dazu fällt mir ein provokatives Schlußwort ein, das ich irgendwo gelesen und als zutreffend empfunden habe: Nur dumme Menschen kennen Langeweile.

Kapitel V:
Der Geist in der Falle

Glauben wir, daß es eine objektive Wirklichkeit gibt, so sind wir schon in die erste Denkfalle getappt. Glauben wir außerdem, daß wir über die objektive und damit richtige Sicht der Dinge verfügen, sind logischerweise die anderen „auf dem Holzweg". Versuchen wir jetzt, die anderen von unserer Wahrheit zu überzeugen, treffen wir meistens auf Widerstand. Die Leute wollen einfach nichts einsehen, sie sind „bockig, blind, dumm, verbohrt". Wir haben ein Problem – es fragt sich nur, mit wem? Nicht alles, von dem behauptet wird, daß es ein Problem sei, ist auch eins. Aber es ist immer dann eins, wenn wir es dazu machen. So bestehen Probleme doch einzig in dem Anspruch, daß die Dinge des Lebens sich bitte schön so gestalten sollen, daß es mir paßt. Das Problem mit meinem Magen, Partner oder Chef wäre doch schnell beendet, wenn diese so wären, wie ich es mir wünsche. So leicht könnte das Leben sein!

1. Die Fallen sind gestellt

Da es aber nicht so leicht ist, sehen wir uns veranlaßt, Methoden zu erlernen und zu entwickeln, die uns das Leben bequemer machen können. Ziel ist es, sich möglichst oft und lange auf der angenehmen Seite des Lebens aufzuhalten und möglichst wenig oder gar nicht mit der unangenehmen Kehrseite konfrontiert zu werden. Genau das wollen die anderen auch, und jetzt ergibt sich eine endlose und wechselvolle Geschichte des sozialen Mit- und Gegeneinanders.

Die Fallensteller sind überall. Da gibt es welche, die es „nur gut mit Dir meinen“, die „nur Dein Bestes wollen“, und was sie erreichen, sind Gefühle von Schuld und schlechtem Gewissen.

Sie reden Dir ein, daß es nicht „normal“ sei, so etwas zu tun oder zu denken, und dann bekommst Du einen Schreck, denn nicht normal zu sein ist wie ein Stigma. Also tust Du, was „normal“ ist, weil es eben alle tun, die „normal“ sind. Sie werfen Dir vor, ein „Egoist“ zu sein, und das ist etwas ganz Schlimmes. Also tust Du, was man von Dir erwartet und hoffst, nie wieder für egoistisch gehalten zu werden.

„Ein Mensch zählt nur dann etwas, wenn er etwas leistet“, hörst Du überall. Und weil Du Anerkennung brauchst, strengst Du Dich an, bist fleißig, leistest etwas und bald zählst Du auch etwas. Wahrscheinlich glaubst Du auch, daß Probleme da sind, um gelöst zu werden. Doch dazu „muß man das Übel an der Wurzel packen“, Erkenntnisse gewinnen und Einsicht zeigen, und dann löst der Rest sich mit gesundem Menschenverstand von selbst, oder etwa nicht?

Du selbst bist auch ein Fallensteller, denn wenn zum Beispiel Dein Partner Dir nicht den Gefallen tun will, den Du von ihm erwartest, so fragst Du auch scheinheilig: „Liebst Du mich denn nicht mehr?“. Diese Frage erzeugt eine seelische Bredouille, aus der er nur rauskommt, wenn er sich in Deinem Sinne, also im Sinne des Fallenstellers, verhält.

Diese Andeutungen machen hoffentlich deutlich, daß eine psychohygienische Meisterleistung erforderlich ist, solche Denkfallenmuster als Problemproduzenten zu erkennen, sich von ihnen zu befreien und persönlich akzeptable Alternativen zu probieren. Hier kann der Verstand seinen unmittelbaren Beitrag leisten.

2. Das schlechte Gewissen ist ein abnehmbarer Buckel

Es ist elf Uhr vormittags und die Muße beschließt, sich für ein bis zwei Stündchen ins Bett zu legen. Kaum liegt sie drin, ist sie schon nicht mehr allein; denn da ist noch jemand, das schlechte Gewissen. Schon beginnt das mußefeindliche Ritual: „Jetzt im Bett? Das ist doch die Höhe! Faul nenne ich so was, faul und unmoralisch! Das gehört sich einfach nicht! Hast Du nichts Besseres zu tun?“

Schon bald zeigt die Muße Wirkung, kauert sich zusammen, hält sich die Ohren zu… vergeblich. Dann wirft sie sich von rechts nach links und zurück und weiß doch eins genau: Mit der Ruhe ist es vorbei. Ein entspannter Körper verträgt sich eben nicht mit einem aufgehetzten Bewußtsein. Die Muße ist mürbe, das schlechte Gewissen triumphiert einmal mehr. So setzt sich die frustrierte Muße neben die schlechte Laune auf's Sofa und macht gar nichts – außer in der Gegend herumschauen. Der Tag ist vergällt.

Dieses Verhaltensmuster hat die allermeisten Menschen zu Musterschülern gemacht. Das schlechte Gewissen baut die bewährte Falle auf, unterstützt von den klassischen Komplizen der Selbstvorwürfe, nämlich „Faulheit“ und „Das gehört sich nicht“, und die Muße latscht hinein. Schon lange Zeit wird so Tribut an die Wertvorstellungen der Leistungsgesellschaft bezahlt, die einen immer wieder zwingt, sich den moralischen Buckel aufzusetzen und schön so weiterzumachen wie bisher. Wagt jemand den Versuch der Befreiung, so vermag das schlechte Gewissen jede Menge Hilfstruppen zu mobilisieren.

Beispiel: Migräne

Ich erinnere mich an eine Dame, die das autogene Training erlernen wollte, um ihre in mehrwöchigem Abstand auftretenden Migräneanfälle zu beseitigen – normalerweise ein erfolgversprechendes Unterfangen. Sie übte regelmäßig mehrere Wochen, ohne daß die Arme spürbar schwerer oder wärmer wurden. Sie konnte sich ihre Erfolglosigkeit nicht erklären, ließ aber durchblicken, daß sie in ihrem Haushalt immer etwas zu tun habe. Wenn sie so dasaß, übte und vergeblich auf Entspannung wartete, kam ihr in den Sinn, daß sie in der Zeit auch was „Besseres“ tun könnte. Also stand sie auf, bügelte, putzte, wusch, kochte usw.

Sie gab somit ihrem Gewissen, was es forderte, gab aber nicht dem Körper, was der brauchte. Folge: Alle zwei bis drei Wochen zog der Körper sie mit Hilfe der Migräne „aus dem Verkehr“ und zwang sie so zur Ruhe, die sie auf anderem Wege nicht erreichen konnte. Im Denken war kein Platz für Muße als Investition in die Gesundheit, alles „Nichts-Tun“ war per se schlecht und negativ besetzt. Entspannung besteht aber vordergründig aus Nichts-Tun, und das reichte schon, um die Falle zuzumachen.

Migräne als Notbremse des Körpers zur Ruhigstellung sollte ausgerechnet durch autogenes Training beseitigt werden, damit sie in dieser Zeit noch weiterarbeiten könnte, um dem Fetisch „Leistung ist alles“ gänzlich ungestört zu frönen. Der Organismus allerdings ist viel zu intelligent, um sich so „austricksen“ zu lassen.

Macht sich demnach ein Mensch die Philosophie zu eigen, daß Untätigkeit immer schlecht und Leistung beziehungsweise dauerndes Beschäftigtsein dagegen gut ist, so bleiben folgerichtig Denk- und Handlungsfreiheit stark eingeschränkt, was wiederum psychohygienische Schäden nach sich zieht. So setzt sich dieser Mensch selber einen Buckel auf, schleppt ihn mit leidender Miene herum, bietet ein jammernswertes Bild und wird doch so gut von den anderen Buckelträgern verstanden. Die paar Entbuckelten, also die Ex-Buckelträger, werden zuweilen bestaunt und beneidet. Aber sie sind auch mitunter Spekulationsobjekte, weil man bei solchen Normabweichern nie genau weiß…

3. Gesunder und kranker Egoismus

Wenn ich meine Patienten frage, wer denn der wichtigste Mensch in ihrem Leben ist, so geschieht das mit der heimlichen Hoffnung, daß sie mit „Ich!“ antworten. Doch sie tun es nicht, sondern nennen Ehepartner, Eltern, Kinder oder Freunde. Entsprechend sieht ihre Lebensführung aus: Sie sind für den und die anderen zuerst da, und wenn noch etwas Zeit übrig ist, so tun sie auch was für sich. Doch das kommt zu selten vor. Innere Impulse, mehr für sich selbst zu tun, verdrängen sie schnell wieder – getreu der Angst vor der sozialen Ächtung, eventuell als „Egoist“ verschrieen zu werden. Man hat ihnen weisgemacht, daß Egoisten „nur an sich denken“, und daraus folgern sie, daß ihr Heil im Gegenteil liegt, nämlich „nur an andere zu denken“. Ergebnis ist eine pervertierte Psychohygiene, die darin liegt, daß das scheinbare Heil sich in persönliches Unheil wandelt, sprich: krank macht.

Falls mich jemand fragt, ob ich denn ein Egoist sei, so antworte ich getrost mit „Ja.!“, und das hat mit mehreren Überlegungen zu tun:

- Erstens sehe ich die Falle des Manipulationsversuches. Denn die einzige Möglichkeit, dem Makel des Egoisten zu entgehen, ist etwas für andere zu tun, zum Beispiel für den Frager.
- Zweitens sehe ich den größten Nutzen auch für andere darin, zuerst etwas für mich selbst zu tun. Wenn ich stark und kompetent bin, kann ich anderen wirkungsvoll Hilfe leisten. Stecke ich meine Energien aber zuerst in die Probleme anderer Leute, so bleibt von meiner Substanz bald nur noch wenig übrig, womit letztlich keinem geholfen ist.
- Drittens definiere ich Egoismus nicht auf dieser dichotomen Ebene des „Entweder – Oder“ (entweder nur ich oder nur die anderen), sondern sehe darin ein „Sowohl – Als auch“, d.h. ich gebe sowohl mir als auch den anderen das, was ich für angemessen halte.

Auch bin ich anderen nicht böse, wenn sie denn versuchen, mich mit der Egoisten-Drohung zu verschrecken und in ihrem Sinne manipulierbar zu machen, denn das halte ich nun mal für zwischenmenschlichen Brauch. Böse wäre ich aber mir selbst, wenn ich diese Versuche nicht durchschaute und versuchte, mich von diesem moralischen Damoklesschwert zu befreien. Daß diese Befreiungsversuche einiges an emotionalem Aufwand mit sich bringen, zumal ich mit allerhand Mißbilligungen zu rechnen habe, ist nun mal der Preis. Aber schließlich stellt sich auch hier die klassische Entscheidung, nämlich für *mein* Seelenheil oder das der anderen.

4. Normale sind nicht normal

Frauen und Männer, die sich über ihren „normalen" Partner beklagen, weil er eben so „stinknormal" und „langweilig" ist, wünschen sich oft einen besonderen, außergewöhnlichen Partner. Nun bedeutet aber „außergewöhnlich" auch „nicht normal", nur so ist das nicht gemeint. „Nicht normal" ist etwas Unerwünschtes, klingt nach verrückt, krank, abartig. So soll es zwar ein außergewöhnlicher, aber dennoch normaler Partner sein. Tritt er dann eines Tages tatsächlich ins Leben, der außergewöhnliche Partner, so wird das Außergewöhnliche nach einiger Zeit lästig und anstrengend, so daß die Sehnsucht nach der vordem abgelehnten „Normalität" zurückkehrt.

Wer körperliches und seelisches Leid erfährt, der denkt und fühlt auf eine Weise, die er selbst nicht für normal hält. Erschwerend – und da baut sich die Falle auf – kommt hinzu, daß die Menschen „da draußen" alle für normal gehalten werden, d.h. glücklich und gesund. Der vermeintliche Zustand des Unnormalen verstärkt dadurch die Beschwerden noch. Der Betroffene hält sich für die Ausnahme und blockiert einen wichtigen Teil seiner Genesungskräfte. Hier zeigt sich die destruktive

Kraft eines Begriffes, der leider im allgemeinen Sprachgebrauch einen unverdienten Platz eingenommen hat. Er postuliert eine Scheinrealität und wird somit zum Maß aller Selbsteinschätzung: Bin ich normal, ist es gut, bin ich anormal, so muß unbedingt was getan werden. Mit Bemerkungen wie „Du bist doch nicht normal!" kann man jemanden ganz schön treffen, besteht doch eine unausgesprochene Übereinkunft, daß es sich hierbei um eine Kränkung handelt und nicht um eine begeisterte Aussage in Hinsicht auf Schönheit und Charme.

Die vergleichenden Wissenschaften haben hier Unheil angerichtet, indem sie den Begriff „normal" verwendet haben, wenn sie eigentlich „häufig" und „durchschnittlich" meinen. Was die meisten tun, ist soziologisch „normal". Tragen die meisten Hüte, ist das normal. Nur: Tragen zehn Jahre später die meisten keine Hüte, ist das eben normal. Normalität wandelt sich also. An der Tankstelle verlangt nur noch eine Minderheit nach „normal". Der normale Bürger ist 170 Zentimeter groß und stirbt mit 72 Jahren. Auf wen trifft das wirklich zu? Die normale deutsche Familie hat 2,3 Kinder. Welche Familie hat 2,3 Kinder? Hier geht es um Durchschnittswerte, nicht um Normalität.

Sagt mir der Arzt nach eingehender Untersuchung, daß meine Werte „nicht normal" sind, so werde ich unruhig und mache mir Sorgen. Sind sie hingegen „normal", bin ich beruhigt und zufrieden. Hier scheint die Formel: „normal = gesund" richtig zu sein, was dem ohnehin wuchernden Begriff „normal" noch mehr Nahrung gibt.

Normalität ist etwas Erstrebenswertes und es gilt, dies um jeden Preis zu erreichen. Normalität gibt Sicherheit, womit wir wieder auf das wichtigste psychologische Bedürfnis stoßen. Nochmal sei betont, daß eine begriffliche Affinität des Normalen mit dem Guten entstanden ist, d.h. der Ausdruck „normal" ist sträflich ungeklärt in Denk- und Sprachbereiche gewandert, in denen er nicht nur nichts zu suchen hat, sondern auch für allerhand Ungemach verantwortlich ist.

Selbst Ausnahmen halten ihn nicht auf: Ergibt ein Intelligenztest, daß der Getestete über „normale" Intelligenz verfügt, so ist derjenige wahrscheinlich nicht zufrieden, denn das klingt wieder so „durchschnittlich". Demnach ist überdurchschnittliche Intelligenz „anormal", aber sie wird nicht so genannt. Auch hätte in diesem Fall keiner was dagegen, „anormal" zu sein.

5. Ein veralteter Begriff: Wertschätzung

Wir kommen zur nächsten Station unserer Denkfallenrundreise: Die Annehmlichkeiten des Lebens haben uns glauben gemacht, daß wir ein Recht auf sie besitzen. Positives wird nicht mehr für positiv gehalten und entsprechend gewürdigt, sondern rutscht ab in die Niederungen des Selbstverständlichen. Wer nach Hause in seine warme Wohnung kommt, weiß das kaum noch zu würdigen – wieso auch, es ist doch immer warm! Unterwäsche zu Weihnachten ist kein „richtiges Geschenk", weil man die sowieso braucht. Sind wir abends noch froh, daß wir einen schönen Tag erlebt haben? Wird ein Tag denn erst schön, wenn man einen Nobelpreis bekommen hat?

Jedes Jahr im Herbst gibt es das Erntedankfest. Nur, wer feiert das noch? Kennen wir überhaupt das Datum? Was interessiert mich die Ernte, wenn ich mein Brot beim Bäcker kaufe? Das war alles einmal anders. Als die Menschen noch nichts von den Segnungen der Agrarchemie wußten, hatten sie einen viel innigeren Bezug zu Natur und Wetter. Da war ein guter Ertrag des Ackers nicht selbstverständlich, und es gab reichlich Platz in den Hirnen der Altvorderen für den Wert einer guten Ernte. Wenn ich an diesem Punkt genauer nachdenke, so beneide ich die Leute um die Fähigkeit, sich darüber so bewußt zu sein und solche extreme Freude und Dankbarkeit empfinden zu können. Mir ist der Bezug zu diesen Dingen verlorengegangen.

Nun wäre es sicher übertrieben, diesen Bezug zurückzuholen, was letztlich ganz andere Lebensumstände erfordern würde; allerdings macht mir dieses Beispiel deutlich, daß der Verlust einer angemessenen Würdigung des Erntedankfestes ein gutes Beispiel für ein Muster ist, welches sich leider allzu häufig im Alltag ausgebreitet hat.

Ein Kind, das beim Essen kleckert, wird getadelt oder bestraft. Wird das Kind gelobt, wenn es nicht kleckert? Meistens nicht, denn Nicht-Kleckern ist nicht etwa gut, sondern selbstverständlich. Das Kind lernt also nur zwei Möglichkeiten, entweder wird geschimpft oder gar nichts gesagt. Platz für Lob oder Positives ist da nicht. Was halten wir heute nicht alles für selbstverständlich, was bei genauerem Hinsehen doch positiv ist? Können wir nicht lernen, uns die positiven Dinge des Lebens wieder bewußt zu machen, auch auf scheinbare Kleinigkeiten zu achten und uns darüber wieder zu freuen? Mit unseren Ansprüchen ist die Krake des Selbstverständlichen ins Riesenhafte gewachsen und läßt uns kaum Raum für das Bewußtmachen der guten Dinge, bis eines Tages unser innerer Freund, unsere andere Art von Intelligenz zuschlägt und uns vom hohen Roß ins Krankenbett wirft. Dort haben wir Gelegenheit, darüber nachzudenken, was uns wirklich wichtig und wertvoll ist. So mancher nutzt diese psychohygienische Chance.

Zum Beispiel Schlafstörungen

Ich erinnere mich an einen Patienten, der eine Therapie wegen Schlafstörungen begann. Er beklagte sich darüber, daß er höchstens eine Nacht in der Woche richtig schlafen könnte, also sechs Nächte zu leiden hatte. Sein Wunsch war, doch wenigstens zwei oder drei Nächte die Woche durchzuschlafen. Ich bat ihn, diesen Wunsch genau so aufzuschreiben, datierte ihn und legte den Zettel weg. Nach ungefähr einem halben Jahr hatten wir es so weit geschafft, daß er sechs Nächte pro Woche zufriedenstellend schlief, d.h. sein Wunsch war eigentlich mehr als erfüllt. Doch sein kognitives Bezugssystem war inzwischen anders eingestellt, d.h. er war immer noch nicht zufrieden, eben weil er jede Woche eine Nacht Schlafstörungen hatte. Sein Blick war nur auf die Störung gerichtet, nur auf das Negative fixiert, so daß die guten Nächte ohne große Bedeutung waren. Als ich dann den Zettel von damals hervorholte und ihm seinen Wunsch vorlas, wurde ihm offensichtlich etwas bewußt.

Wir beide erkannten an dieser Entwicklung, daß Beschwerden oder Störungen genauso schlimm sind, wie man sie einschätzt, und daß die Einschätzung vom Maßstab abhängt, den man anlegt. Der schließlich hat etwas mit den Ansprüchen zu tun, die ich an mich und die Welt stelle. Die Beschwerde ist damit keine absolute Größe, sondern Produkt meines Denkens – und darauf habe ich sehr wohl Einfluß.

Praktischer Tip: Wenn wir einmal auf unsere eigene Sprache und die unserer Mitmenschen achten, so werden wir überwiegend ein Vokabular vorfinden, welches von negativen Worten geprägt ist. Da wird nicht das Gute hervorgehoben, geschweige denn erwähnt, sondern das Fehlerhafte, das Negative und alles Nicht-Funktionierende steht im Mittelpunkt. Üben wir doch einfach einmal – nicht um gleich die Welt zu verbessern oder auf schnelle Erfolge aus zu sein – Möglichkeiten der sprachlichen Umformulierung vom Negativen ins Positive. Also:

- statt zu sagen „Das Leben ist furchtbar", lieber „Manchmal erlebe ich ganz angenehme Momente";
- statt „Heute ist ein saublöder Tag", besser „Das Mittagessen hat gut geschmeckt";
- statt „Ich habe nur Kopfschmerzen" , vielleicht „Abends lassen sie etwas nach und ich fühle mich recht gut".

Noch einmal: Solcherlei sprachliche Übungen helfen, Denkrichtungen bewußt zu machen und zeigen auch, wie ungewohnt und schwierig es oft schon geworden ist, bei manchen

Gelegenheiten überhaupt etwas Positives zu sehen. Wenn man es längere Zeit probiert, erlebt man auch positive Wirkungen auf das eigene Sprachverhalten und lernt, auch über diesen Weg Einfluß auf seine Einstellung und Sichtweise zu nehmen. Der negative Denktunnel weitet sich und läßt mehr positives Licht herein. Sprache ist dazu ein sicher anstrengendes, aber auch besonders hilfreiches Instrument.

6. Wer die Fachsprache beherrscht, ist kompetent

Eine der häufigsten Diagnosen, wahrscheinlich die meistgestellte, lautet „vegetative Dystonie". Wissen Sie, lieber Leser, was das bedeutet? Vielleicht haben Sie so eine ungefähre Vorstellung, irgend etwas mit dem vegetativen Nervensystem oder so ähnlich. Wenn Sie es nicht besser wissen, dann geht es Ihnen wie dem Arzt – der weiß das auch nicht so genau. Das aber schreibt er nicht hin, sondern formuliert es wesentlich eleganter und fachmännisch. Eine gewisse Kreativität kommt mitunter auch ins Spiel, wenn er dasselbe schon mal als „neurasthenisches Syndrom" oder „funktionelle Störungen" bezeichnet. Wann wird so verfahren? Na, wenn die Sache verfahren ist, der Patient offenbar Beschwerden hat, organisch aber nichts zu finden ist.

Wer unter hohem Blutdruck leidet, wird selbstverständlich vom Arzt auf Ursachen untersucht – organische, versteht sich (vgl. Kapitel II). Werden welche gefunden, wird therapeutisch entsprechend vorgegangen. und das ist gut so. Dummerweise werden aber meistens keine gefunden – also, was tun? Die Lösung: Wenn keine organischen Ursachen zu finden sind, gehört der hohe Blutdruck eben zur Konstitution des Patienten; er ist einfach da, wahrscheinlich also angeboren. So geht das. Die Diagnose ist freilich imponierend: „essentielle Hypertonie". Der Patient staunt ehrfurchtsvoll vor den offensichtlich fundierten

Kenntnissen des Doktors und nimmt willig dessen Anweisungen (sprich: Rezept) entgegen. Vielleicht gibt's noch den Rat: „Treten Sie in nächster Zeit etwas kürzer!" Der Patient verspricht's und verläßt mit kurzen Schritten die Praxis.

Der Arzt erfreut sich immer noch eines hohen Sozialprestiges, was wohl auch mit der Rolle als kompetentester Wächter zwischen Gesundheit und Sterben zu tun hat. Dieses Ansehen gefällt ihm begreiflicherweise (schließlich dient es seiner Psychohygiene) und er will es behalten. Wichtigstes Mittel dazu ist die medizinische Fachsprache, welche in diesem Zusammenhang mehrere Funktionen erfüllt:

- Der Patient ist beeindruckt, sein Glaube in die Kompetenz des Arztes wird gestärkt und demzufolge überläßt er seine Gesundheit dem Fachmann.
- Oft ist der Arzt selber unsicher, in seiner Diagnose, im Überschauen und Abschätzen der Krankheitsursachen und aller damit verbundenen Komponenten. Diese Unsicherheit, die er (fälschlicherweise) für eine Schwäche hält, versteckt er hinter der Diagnose, die ihrerseits dem Patienten vorgaukelt, daß der Arzt „Bescheid" wüßte.
- Die Sprache schafft – wie der weiße Kittel – Distanz zum Patienten. Das hat zum einen mit traditionellem Standesbewußtsein zu tun, zum anderen mit der persönlichen Not des Patienten, in welche der Arzt nicht hineingezogen werden möchte. Was für den ängstlichen Arzt begreiflicher Schutz ist, kann allerdings dem couragierten Arzt eine Brücke zum Patienten bauen und konstruktive Wege in der Auseinandersetzung mit der Krankheit bereiten.

Nun ist das Vertrauen in den Arzt zweifellos wichtig und heilsam. Erwächst es aber nicht aus dem persönlichen Kontakt zwischen Arzt und Patient, sondern wird einfach verlangt oder als gegeben vorausgesetzt, kann es nur unvollkommen sein und nicht als Heilfaktor wirksam werden. Selbstheilungskräfte ernähren sich von Vertrauen, und Vertrauen verlangte Offenheit.

Ich weiß, daß Ärzte oft diese Offenheit mit dem Patienten scheuen, weil sie meinen, daß ein „unsicherer" Arzt ein schlechter Arzt sei. Hier treffen zwei Denkfehler zusammen. Zum einen werden die Patienten unterschätzt, indem man ihnen eine konstruktive Auseinandersetzung nicht zutraut (weil sie die Fachsprache nicht beherrschen), zum anderen wird „Unsicherheit" als Schwäche angesehen.

Abb. 9: „Schauen wir mal. Welche Tabletten wollen Sie: rote, grüne, gelbe, blaue oder orangefarbene?"

Wir sollten uns – und damit greife ich einen Grundgedanken der ganzheitlichen Gesundheit auf – von der Illusion trennen, daß es immer eine klare Ursache von Krankheiten gibt. In Wirklichkeit spielen stets mehrere Faktoren mit, und zwar nicht nur auf der körperlichen, sondern vielmehr auf psychischer und sozialer Ebene. Da muß einfach jede Diagnosestellung „unsicher" sein, und ein Arzt, der verschiedene Möglichkeiten sieht, und mich als Patienten mit in diese Überlegungen einbezieht, mich berät, Vorschläge macht und somit meine Selbstheilungskräfte anregt, ist mir – aus persönlichen und psychohygienischen Gründen – doch ungleich lieber als der distanzierte Arzt, der sich, um vordergründig seiner Psychohygiene zu dienen, vor der Auseinandersetzung scheut. Was dann bleibt, sind schematisierte Abläufe: Überweisungen oder Rezepte. Gesundheit kann man aber nicht verordnen.

Nun gibt es keine Krankheit, die man nicht – bei ausreichender Beherrschung der deutschen Sprache – verständlich beschreiben und erklären kann. Erfreulicherweise gibt es Patienten, die das verständliche Gespräch mit ihrem Arzt suchen. Erfreulicherweise gibt es Ärzte, denen das auch lieb ist und die sich Zeit dafür nehmen. Damit ist meistens schon ein therapeutisches Moment geschaffen worden, welches die Weichen für die Gesundung stellt. Erfreulicherweise.

7. Erkenntnis ist noch lange nicht der erste Schritt zur Besserung

Viele Patienten, besonders die älteren, haben hinsichtlich Gesundheit und Krankheit ein klares Weltbild. Bin ich krank, gehe ich zum Spezialisten, der findet die Ursache heraus, beseitigt sie und ich bin wieder gesund. Schön wär's. Verwöhnt durch die medizinischen Erfolge bei den früher so bedrohlichen epidemischen Krankheiten (vgl. Kapitel I), hat sich die Bekämpfung der Krankheitsursachen als logisch plausibles Prinzip in den Köpfen festgesetzt. Die Tatsache, daß die heutigen Krankheiten meistens nicht nach dem klassischen logischen Prinzip des Ursache-Wirkungs-Mechanismus zu behandeln sind, hat sich noch nicht klar durchgesetzt. Krankheiten, bei denen bestimmte Erreger die eindeutige Ursache darstellen, gibt es nur noch wenige. Krankheiten, deren Ursachen vielgestaltig und aus nicht-körperlichen Gegebenheiten stammen, beherrschen Kranken- und Sprechzimmer.

Strauchele ich bei einem Spaziergang über eine Wurzel und falle in eine Grube, so nutzt mir das Wissen um die Ursache dieses „Reinfalls" nichts. Die einzige sinnvolle Alternative ist es doch, innerhalb der Grube nach Möglichkeiten zu suchen, die mir wieder raushelfen können. Also werde ich meine Zeit nicht mit Ursachenforschung verschwenden. Ähnliches gilt für eine Vielzahl der aktuellen Krankheitsbilder, d.h. der Grundsatz: Man muß erst die Ursache finden, um die Krankheit beseitigen zu können, stimmt in dieser Form nicht mehr, und das aus mehreren Gründen:

- Es kommen mehrere Faktoren zusammen, die jeweils einzeln ungefährlich, doch in dieser Konstellation die Krankheit erzeugen (fettreiche Ernährung allein zum Beispiel führt nicht zum Infarkt).
- Diese Faktoren stammen aus allen Bereichen des Lebens, d.h. man benötigt einen ungeheuren Aufwand und die dafür ausgebildeten Leute, um ansatzweise diese Kausalprinzipien und ihre Verflechtungen zu erhellen (Philosophen, Psychologen, Soziologen, Ernährungsfachleute, Mediziner, Biochemiker müßten unter einen Hut gebracht werden, obwohl jede Disziplin in der Regel meint, daß sie die wichtigste ist).
- Auch falls man die Ursachen fände, wäre das therapeutisch nur insofern von Belang, wenn man sie verändern könnte (liegen die Ursachen beispielsweise in der Erziehung, hat man darauf keinen Einfluß mehr).

Schlußfolgerung: Irgendwo in den aktuellen Lebensbedingungen wirkt (mindestens) ein Muster oder eine Struktur, welche die Krankheit aufrechterhält. Dieses Muster gilt es herauszufinden und zu verändern beziehungsweise durch ein besseres zu ersetzen.

Getreu der Philosophie dieses Buches kann das zum Beispiel in der Einstellung des einzelnen zu seinem Körper liegen. Also das krankmachende Muster „Der Körper ist mein Feind“ wäre zu ersetzen durch das bessere Muster „Der Körper ist mein Freund“. Das ist nicht einfach eine psychohygienische Weisheit, sondern verlangt dem Betroffenen in seiner Situation allerhand an Konsequenzen ab. Diesen Satz von der Erkenntnisebene in die innerseelischen Strukturen wandern zu lassen, ihn dort zu integrieren und auch danach zu denken, zu fühlen und zu handeln, dauert manchmal „ganz schön“ lange.

„Erkenntnis ist der erste Schritt zur Besserung“ ist eine Weisheit, die wohl jedem plausibel ist. Ich habe im Laufe meiner therapeutischen Erfahrung gelernt, daß sie nicht stimmt. Viele Menschen stolpern in diese Erkenntnisfalle und meinen dann, daß sich – eben mit der Erkenntnis – der Rest von allein erledigt. Tut er nicht. Viel Arbeit mit sich selbst ist angesagt, aber nicht jeder ist bereit dazu.

Ich selbst nehme mich nicht davon aus, daß, wenn ich mal irgendwelche Beschwerden habe, auch hoffe, diese einfach beseitigen zu können. Nur wenn das alles komplexer, differenzierter und schwieriger zu werden droht, mein Arzt mir gar eröffnet, daß die Beschwerden eher psychosomatischer Art sind, fühle ich mich zusätzlich unwohl. Denn:

- Erstens klingt das nach viel therapeutischem Aufwand.
- Zweitens dauert es wohl geraume Zeit.
- Drittens habe ich mir die ganze Geschichte wohl selbst zuzuschreiben.

Dies zu akzeptieren fordert meiner Psyche allerhand Bereitschaft zur Auseinandersetzung mit unbequemen Dingen ab.

Wer jetzt bequeme Lösungen anbietet, findet offene Ohren. In einem solchen Dilemma befinden sich Ärzte und Therapeuten oft, wenn sie dem Patienten gegenüber psychosomatische Andeutungen machen. Ist der Patient offen, bereit und fähig, läßt sich eine positive Prognose stellen. Falls nicht, droht die Chronifizierung der Krankheit, und eine ausgedehnte Tournee zu den verschiedensten Gesundheitseinrichtungen wird wahrscheinlich.

8. Die Angst vor dem Gesundwerden

Diese Überschrift hat etwas Provozierendes, unterstellt sie doch, daß Menschen (zumindest einige) gar nicht gesund werden wollen. Das ist auch richtig, aber nicht weil Gesundheit als etwas Schlechtes angesehen wird, sondern weil der Status des Gesunden eine Reihe von negativen Konsequenzen bedeutet beziehungsweise den Verzicht auf positive Konsequenzen nach sich zieht. Hiermit sprechen wir über eine Falle, in die Leute unbewußt und aus einer Art seelischer Notwehr geraten. Fragt man einen Kranken, ob er denn gesund werden wolle, so wird er selbstverständlich mit „Natürlich, was denn sonst?!“ antworten. Er ist auch in einem Dilemma, sozusagen Opfer einer „sozialen Zange“, die ihm keine andere Antwort läßt. Anders ausgedrückt: Es geht um den Krankheitsgewinn. Bewußt und rational tut er alles für seine Genesung, unbewußt und emotional sabotiert er gleichzeitig diese Bestrebungen – psychohygienisch aus gutem Grund.

Jeder Mensch hat ein Bedürfnis nach Zuwendung, und davon kann er meistens nicht genug bekommen. Um das notwendige Quantum an Zuwendung auch sicherzustellen, stehen allerhand Möglichkeiten zur Auswahl: Der eine versucht sich erfolgreich in Schule und Beruf, was ihm Respekt und Anerkennung einbringt; der andere ist humorvoll und unterhaltsam, was ihn allerseits beliebt macht; ein dritter kleidet sich stets modisch, fährt ein besonderes Auto und macht ausgefallene Urlaubsreisen.

Vielen Leuten stehen solche Möglichkeiten nach Zuwendung nicht offen, zum Beispiel Altenheimbewohnern. Deren Lebenssituation läßt wenig Raum für Zuwendung: Das Pflegepersonal hat wenig Zeit, die Verwandten kommen selten. Zwangsläufig nimmt die Beachtung der eigenen Körperfunktionen zu. Je länger diese dann beachtet und beobachtet werden, um so häufiger werden auch (anfangs kleine) Funktionsbeeinträchtigungen festgestellt. Diese werden dann verstärkt „ins Visier genommen", Unruhe und Spannung steigen entsprechend und provozieren geradezu die nächste Veränderung. Das führt zu noch mehr Beobachtung und Unruhe, und dann treten nach einiger Zeit tatsächlich „richtige" Störungen auf.

Die häufigsten Gespräche untereinander drehen sich dann auch um persönliche Beschwernisse, Schmerzen und Beeinträchtigungen. Der Erfolg ist gewiß: Wer krank oder in seinen Funktionen eingeschränkt ist, der braucht Hilfe, und Hilfe ist Zuwendung.

Hat der so „Erkrankte" erst einmal gelernt, daß seine Beschwerden erfolgreich sind, d.h. ihm Zuwendung verschaffen, so bleiben die Beschwerden folgerichtig erhalten. Das Ganze geschieht nicht bewußt oder absichtlich, sondern ist ein üblicher psychosomatischer Mechanismus. Die Beschwerden sind auch nicht eingebildet oder simuliert, sondern tatsächlich vorhanden. Nur die (gewünschte und gesuchte) organische Ursache ist unauffindbar. Dort, wo gesucht wird, ist sie auch nicht zu finden, denn das verlangt ein komplexeres, ganzheitliches Gesundheitsverständnis.

Man spricht von „Krankheitsgewinn", wenn ein Patient erfährt, daß Krankheit ihm Zuwendung verschafft, die er – wohlgemerkt – auf anderem Wege nicht mehr ausreichend

bekommt. Auch auf der sprachlichen Ebene wird das deutlich: Äußerungen wie
„...das hat doch alles keinen Sinn mehr..."
werden sofort mit verbaler Zuwendung bedacht, zum Beispiel
„...Kopf hoch, das wird schon wieder".
Oder
„...ich weiß gar nicht, was ich machen soll..."
löst sofort Hilfeleistungen aus, reichlich garniert mit guten Ratschlägen.
Ergebnis: Dieses Verhaltensmuster wird chronisch.

Paradoxerweise kommt derjenige, der unauffällig ist und keine Beschwerden hat, nicht in den Genuß der Zuwendung. Ist allerdings sein Zuwendungsbedürfnis sehr hoch und kann anders nicht erfüllt werden, steigt auch die Wahrscheinlichkeit, daß er krank wird. Seine Beschwerden werden dann sicher – mit Medikamenten oder Anwendungen (auch eine Form der Zuwendung) – auf übliche Weise behandelt, aber Beschwerdenfreiheit oder gar Heilung sind nicht mehr wahrscheinlich. Wozu auch? Alle Beteiligten sind mit diesem Arrangement zufrieden, womit auch der Psychohygiene Genüge getan ist. Offensichtlich ist dem Organismus die Versorgung mit Zuwendung so viel wert, daß er dafür auch den Preis einer erheblichen gesundheitlichen Beeinträchtigung zu zahlen bereit ist.

Kapitel VI: Worte, Bilder, Suggestionen

Daß Worte die Macht haben, unsere Innenwelt ganz schön in Unordnung zu bringen, kennt wohl jeder aus eigener Erfahrung. Man denke da nur an einen Satz wie „deinen Freund/Mann oder deine Freundin/Frau habe ich mit einer/einem anderen gesehen". Auch wenn die Überzeugung in die Treue des Partners riesig ist – bleiben da nicht doch Zweifel? Und bringen diese Zweifel nicht eine Unzahl von Phantasien hervor? Und was machen diese Bilder mit der inneren Ruhe? Richtig: Erst einmal ein kleines Feuerchen, welches sich mitunter zum Feuersturm auswächst. Und der ist unendlich gefräßig und ernährt sich von Phantasien und Bildern; und davon gibt's genug. Wie immer gibt es auch hier eine Menge Unschuldiger, die darunter zu leiden haben: Magen, Darm, Herz, Nieren… usw.

1. Die überschätzte Logik

Doch jetzt tritt der Feuerwehrmann auf den Plan: Der Verstand. Gut gerüstet mit Gegenargumenten, die er alle sorgfältig auf Löschpapier notiert hat, wirft er eben dieses zum Zwecke des Löschens ins Feuer. Und wenn's dennoch weiter brennt, so wird er logischerweise noch mehr Löschpapier ins Feuer werfen. Mit Logik und Einsicht kennt er sich aus, also wird er immer wieder damit arbeiten.

Beispiel:

Ein Patient klagt über Antriebsmangel, Niedergeschlagenheit und Desinteresse an den Dingen des Lebens, spürt oft einen

Druck in der Brust und im Kopf, schläft schlecht und hat kaum Appetit, fühlt sich innerlich von Selbstvorwürfen und Schuldgefühlen zerfressen und vermag in seinem Dasein keinen Sinn zu erkennen. Den Hinweis, daß all dieses doch gesundheitsschädlich sei und er doch am besten sofort damit aufhören möge, wird er wohl kaum dankbar aufgreifen und sich für den gutten Tip bedanken.

Warum können wir nicht einfach damit aufhören, Angst, Wut oder Enttäuschung zu erleben, wenn doch leicht einzusehen ist, daß diese Gefühle ebenso schädlich wie unnötig sind? Hat jemand Angst vor einem (kleinen und bestimmt ganz harmlosen) Hund, so werden seine Mitmenschen in der Regel versuchen, ihn von der Unsinnigkeit der Angst zu überzeugen. Das sieht er zwar ein, hält aber dennoch ängstlich den gebührenden Abstand. Seltsamerweise werden dieselben „vernünftigen" Argumente wiederholt – mit demselben Mißerfolg, denn die Angst zeigt sich unbeeindruckt und bleibt einfach da. Eine Methode, die nicht funktioniert, sollte aufgegeben werden, auch wenn sie logisch und einsichtig ist – wird sie aber nicht, eben weil sie logisch und einsichtig ist: Eine Hummel soll nach aerodynamischen Gesichtspunkten überhaupt nicht fliegen können.

2. Die Macht der Bilder

Der Patient erfährt von seinem Arzt, daß die Diagnose „Krebs" lautet. Nur ein Wort, nur eine Information, welche sich sofort in Bilder verwandelt, die eine gravierende persönliche Bedeutung erhalten. Es folgt auf direktem Weg eine Umsetzung in physiologische Prozesse, die jetzt einem Tohuwabohu gleichen. Nehmen wir an, daß eine Nachuntersuchung Entwarnung bringt: Kein Krebs! Neue Information, Erleichterung, neue Bilder, wieder mit direktem Einfluß auf den Organismus, der bald langsam zur Ruhe kommt.

Was ist eigentlich geschehen? Konkret überhaupt nichts! Lediglich eine Umwandlung von Worten in Bilder, die den Körperhaushalt aufs höchste gereizt haben. Man kann es allerdings auch anders formulieren: Wort und Bild haben eine Kostprobe ihrer Macht über die physikalische Welt abgegeben. Wie gesundheitsfördernd und positiv Worte und Bilder eingesetzt werden, erfährt jeder, der zum Beispiel Entspannungstechniken praktiziert. Welche Energien aus inneren Bildern erwachsen, weiß noch am ehesten die Psychotherapie zu berichten, und die kennt auch nicht alles. Welches gigantische Potential in jedem Menschen ruht, bringt oft genug die erfahrensten Therapeuten zum Staunen. Die Schlüssel zu diesen inneren Schatzkammern stehen jedermann – so er sich dieser Möglichkeiten bewußt ist – zur Verfügung: Worte und Bilder in gezielter Form als Suggestionen. Die Kunst liegt nur (schwierig genug!) im Herausfinden, wann welche Worte und Bilder bei wem welche Kräfte freisetzen können.

Auch wenn dieses Ansinnen für die Umsetzung in der Praxis schon ausreichend schwierig ist, so möge man nicht gleich verzagen. Denn auf der anderen Seite sind eben auch diese Worte und Bilder in der Lage, die inneren Kräfte zu blockieren und damit Gesundheit zu verhindern. Die Kenntnis einiger Grundbegriffe mag zwar keine Wunder bewirken, doch läßt sich damit schon allerhand Gutes tun und – was ebenso wichtig ist – allerhand Schlechtes verhindern.

3. Der hochsensible Patient

Der Patient im Krankenbett entwickelt eine enorm hohe Sensibilität für Äußerungen seiner Umwelt, die irgendwie mit seinem Zustand in Verbindung stehen könnten. Jede Bemerkung des Arztes oder der Schwester wird auf Hinweise „abgeklopft“, jedes Wort, jede Geste, jede Mimik kann eine

Bedeutung für seine Zukunft enthalten. Anwendungen und Medikamente, deren Zweck nicht klar ist, lösen Phantasien aus. Mangelhafte oder gar fehlende Erklärungen seitens der Ärzte werden oft von denselben damit gerechtfertigt, daß sie den Patienten „nicht unnötig aufregen wollen". Dabei vernachlässigen sie, daß gerade diese Unklarheiten destruktive Phantasien auslösen.

Man hat sogar nachgewiesen, daß Bemerkungen während der Operation – von denen der Patient gar nichts mitbekommen kann, weil er ja in Narkose ist (so die Logik!) – über den weiteren Heilungsverlauf entscheiden können. Unbewußt nimmt der Patient die Worte wahr, setzt sie für sich entsprechend um und beeinflußt damit seine Gesundheit. Will sagen: Wenn also ein Operateur während der Operation äußert, daß er dem Patienten keine Chance mehr gibt, so stehen die Chancen gut, daß diese Vorhersage eintrifft; zwar nicht, weil der Operateur das vorher wußte, sondern weil der Patient diese „Aussichtslosigkeit" unbewußt als Suggestion aufnimmt und dadurch seine Heilungskräfte blockiert. Wenn man's weiß – welche konstruktiven Möglichkeiten tun sich da auf? Und umgekehrt wird die Gesundung blockiert, wenn man's nicht weiß.

Beispiel:

Eine Patientin entwickelte nach einer erfolgreichen Operation plötzlich starke Depressionen. Allen Beteiligten war völlig unerklärlich, weshalb es dazu kam, wo doch eher Grund zu Optimismus bestand, weil der Eingriff aus medizinischer Sicht so gut verlaufen war. Da entsprechende Medikamente nicht halfen, begab sie sich in Behandlung einer Psychotherapeutin, die mit therapeutischer Hypnose arbeitete. Nach einigen Monaten fanden beide schließlich heraus, daß während der damaligen Operation der Satz „So wird das nichts mehr" von irgendwem gesagt wurde, und daran erinnerte sich die Patientin jetzt in einer Trance-Sitzung. Diesen Satz, offensichtlich beiläufig gesprochen und in einem anderen Zusammenhang gemeint, nahm die Patientin unbewußt auf, bezog ihn auf sich und verstand ihn als Prognose hinsichtlich ihrer Überlebensaussichten.

4. Glück durch Leistung und Konsum

Unter „ suggerieren" versteht man, jemandem etwas einzureden, ihn zu beeinflussen. Suggestionen können dabei sowohl offen wie verdeckt ablaufen, erscheinen manchmal einfach, manchmal kompliziert, sind plump oder auch intelligent gemacht, begegnen uns täglich und überall, in Form von Worten, Bildern, Ideologien, Erwartungen, Regeln und Geboten, fordern zu Handlungen oder zum Unterlassen von Handlungen auf, kurz: Überall wo Menschen sind, versuchen sie sich gegenseitig zu beeinflussen, und ihre Mittel sind Suggestionen.

Da alle Menschen glücklich sein wollen, sagt man ihnen, wie es geht. Zuerst müssen sie etwas leisten, dann sich etwas dafür kaufen. Da man also (wenigstens ein kleines) Glück durch Leistung und Konsum erwerben kann, bedeuten noch mehr Leistung und noch mehr Konsum logischerweise noch mehr Glück. Also verknüpfen die „Glücksbringer" aus den Werbeetagen bestimmte Bedürfnisse mit bestimmten Produkten, die inhaltlich oft nichts miteinander zu tun haben: Erfülle Dir Dein Bedürfnis nach Weite und Unabhängigkeit, indem Du mal „boro" rauchst; Harmoniebedürftige fühlen sich im Kreis ihrer Lieben wohl, wenn alle die Margarine „Ranza" essen; unwiderstehlich wird man durch „rosetta", das etwas andere „Aftershave".

Und so rüsten wir uns mit allen Attributen aus, die Glück und Zufriedenheit garantieren, weil sie unsere Bedürfnisse erfüllen. Ein Urlaub in der Jugendherberge im Westerwald kann da nicht mithalten, ein Tauchkursus in der blauen Lagune am Roten Meer muß es sein! Das lustige Känguruh-Fangen in Australien, das bringt's! Sind wir wieder zu Hause, so basteln wir weiter an unserer Karriere. Die Profi-Fußballer machen es vor. In fast jedem Interview klären sie darüber auf, was wichtig ist: Die Leistung muß stimmen, das allein zählt! Die Karriere ist damit vorgezeichnet und alles ist in Ordnung. Und so haben sich auch Körper und Seele diesem hehren Ziel unterzuordnen. Tun sie's nicht, dann „muß man da eben durch" und ihnen beibringen, wer „Herr im Haus" ist.

Es gab mal eine Zeit, in der das gekauft wurde, was man wirklich brauchte – eben das Notwendige. Die Leute hatten ein klares Verständnis vom Zusammenhang zwischen Bedürfnissen und dem Erwerb von Dingen. Diese Form der Selbstbeschränkung war spätestens dann zu Ende, als man herausfand, daß sich Bedürfnisse ausbauen und vermarkten ließen. So trat denn das „Kauferlebnis" an die Stelle des eigentlichen Bedarfs, d.h. es geht um das Gefühl beim Kaufen (Freude, Stolz,…?), was über Art und Umfang des Kaufes entscheidet. Die Suggestion „Kaufe jetzt, zahle später" macht es dem noch Unentschlossenen leicht, sich den Verlockungen des Kreditgewerbes hinzugeben. Warum den Genuß verschieben? Ja, warum eigentlich?

Kann sich noch jemand an die Zeit der Vorfreude erinnern, ans Sparen für das Ersehnte, als die Phantasie noch voll damit beschäftigt war, sich auszumalen, was man denn alles tun und erleben werde, wenn es denn endlich soweit wäre? Die Zeit des Wartens ist heute nicht mehr in, denn jetzt ist der Fortschritt da: Sofortiger Genuß ist angesagt, und wer wartet der weiß nicht, was Leben heißt. Auf den schnellen Genuß folgt der nächste schnelle Genuß. Die Zeit dazwischen ist für neue Kredite vorgesehen.

Die Dinge selber sind auch nicht mehr so wichtig – man hat sie eben, weil man sie haben muß. Die anderen haben sie doch auch, eben weil sie auch denselben Suggestionen unterliegen. Irgendwer hat das mal trefflich so formuliert: *Wir kaufen uns*

Sachen, die wir nicht brauchen, von dem Geld, was wir nicht haben, um Leuten zu imponieren, die wir nicht leiden können.

Ein auf die Spitze getriebenes Befolgen der Kauf-Suggestionen wird am Phänomen des Kaufrausches deutlich. Kaufen im Übermaß fungiert hier als Frustrationsbewältigungsmechanismus. Wenn es mir schon so schlecht geht, wenn mir keiner etwas Gutes tut, dann tue ich es selber – und nicht zu knapp! Das Kauferlebnis vertreibt die unerwünschten Gefühle, zumindest bis zu Hause. Werden die Tüten ausgepackt, kommen schon neue Frustrationen zum Vorschein. Hoffentlich wurde der Kassenbon gut aufbewahrt!

Uns wurde erfolgreich suggeriert, daß es
a) für jedes Wehwehchen das richtige Mittelchen gibt;
b) daß der Kaufakt uns „gute" Gefühle verschafft und
c) daß ein schlechtes Gewissen und die Ahnung, diese Dinge gar nicht zu benötigen, mit Hilfe des „gesunden Menschenverstandes" sogleich niedergebügelt werden können.

Denn eine plausible Begründung finden wir immer – flexibel, wie wir sind. Schließlich ist der Verstand bei weitem das anpassungsfähigste „Organ" des Menschen. Noch Probleme?

5. Lernen wir in der Schule wirklich für das Leben?

Generationen von Schülern haben sich schon mit der klassischen Pädagogen-Suggestion herumgeschlagen, daß „wir nicht für die Schule, sondern für das Leben lernen". Damit kann man vielen natürlich allerhand vormachen. Stellen wir uns vor, daß wir einen Graecologen in seiner Praxis besuchen und mit ihm gemeinsam den König Ödipus im griechischen Original übersetzen. Wir erfreuen uns an Semantik, Grammatik und Hermeneutik, zahlen das Honorar und vereinbaren vielleicht einen neuen Termin. Undenkbar? Nun, wer auf einem humanistischen Gymnasium war, braucht dies nicht; denn er hat es auf der Schule – fürs Leben – gelernt.

Brauchen tut er hingegen etwas anderes: Wird er vom Grippevirus erobert, von der Hexe angeschossen oder vom Hund gebissen, so muß er den Doktor aufsuchen, damit der ihn wieder „gesund macht"; davon hat er selber leider keine Ahnung, weil er's auf der Schule – fürs Leben – nicht gelernt hat. Außerdem hat man ihm erfolgreich suggeriert, daß er es auch niemals allein könnte, weil das allein die Sache des Spezialisten sei, der dafür schließlich lange genug studiert habe und jetzt sein Wissen exklusiv verkaufen darf.

Es geht weiter: Jede Anschaffung, die über den Kauf eines gebrechlichen Gebrauchtwagens hinausgeht, verlangt bereits Rechtsbeistand, einen Rechtsanwalt, oder gar... den Notar. Denn auch diese Experten haben lange dafür gebraucht und gesorgt, ihr Wissen – wieder exklusiv – verkaufen zu können.

Warum lernen wir denn nicht – so könnte der Blauäugige fragen – die rechtlichen und medizinischen Grundbegriffe in der Schule? Wir könnten dann selber Verträge schließen und Steuerformulare verstehen. Unser Körper bliebe dann kein unbekanntes Wesen, welches dauernder medizinischer Überwachung bedarf.

Doch das geht so einfach nicht, denn inzwischen halten die Kraken des Gesundheits-, Rechts- und Formularwesens riesige Bereiche des Lebens fest im konkurrenzlosen Griff. Die Sprache – ursprünglich mal ein Mittel der Verständigung – strotzt vor Spezialbegriffen und Fachtermini, so daß Dolmetscher gefordert sind. Zwischenmenschliche Beziehungen werden detailliert von Vorschriften, Gesetzen und Verträgen geregelt, deren Inhalte zur exakten Erfassung und Befolgung einen dermaßen wortklauberischen Sachverstand erfordern, daß nur der rabulistisch geschulte und damit unverzichtbare Experte die rechte Handhabung und Sicherheit mit diesen Dingen des Lebens gewährleisten kann.

Und was können wir selbst zur Erhaltung und Wiedergewinnung der Gesundheit tun? Na, gar nichts am besten. Folgen wir einfach den Mahnungen und Warnungen unserer Gesundheitsvirtuosen, die uns allein den rechten Weg weisen – in die Praxen, Kliniken und Apotheken. Und vor was nicht allem müssen wir uns schützen! Da hilft nur Vorsorge, Nachsorge, Fürsorge… und den Krankenschein besorgen!

Fragt da immer noch jemand, ob wir davon nicht einiges auf der Schule lernen können? Welch' ketzerisches Ansinnen! Wer sollte daran interessiert sein? Disziplinen, die davon leben, ihr Wissen zu verkaufen, schotten sich ab. Und so lernen wir Poetisches, Historisches, Integrales und Differentiales – um der Bildung selbst willen. Lernen wir also fürs Leben? Einige bestimmt, denn die gehen wieder in den Schuldienst und lehren, was man fürs Leben braucht.

6. Keiner mag mich und ich mag auch keinen

Schüchternheit ist eine sympathische Eigenschaft, auch wenn sie so manches angenehme Erlebnis zu verhindern weiß. Kontaktstörungen haben da schon einiges mehr an Leid und Unzufriedenheit zu bieten, besonders dann, wenn die Betroffenen immer wieder mit logischen und einsichtsvollen Suggestionen versuchen, sich davon zu befreien. Ohnmächtige Wut ist nicht selten das schmerzvolle Resultat. Doch damit nicht genug: Oft genug weitet sich diese als unüberwindbar erlebte Barriere noch aus: in Haß auf andere Menschen und noch schlimmer auf sich selbst. Eine psychohygienische Katastrophe.

Die Psychotherapie wird auf der Suche nach den Ursachen meistens bald fündig, lassen sich doch in der Mehrzahl der Fälle bestimmte traumatische Erlebnisse ausmachen, in denen zum Beispiel Kontakte – oft schon in frühester Kindheit – als Ablehnung oder Bedrohung erlebt wurden und vom Betreffenden nicht angemessen verarbeitet werden konnten. Wie immer auch diese Erlebnisse im einzelnen ausgesehen haben mögen, so bleibt doch der Mechanismus, welcher die Kontaktstörung bis heute aufrechterhält, in einer typischen Weise bestehen. Die Prämisse arbeitet als Permanent-Suggestion (siehe Abb. 10).

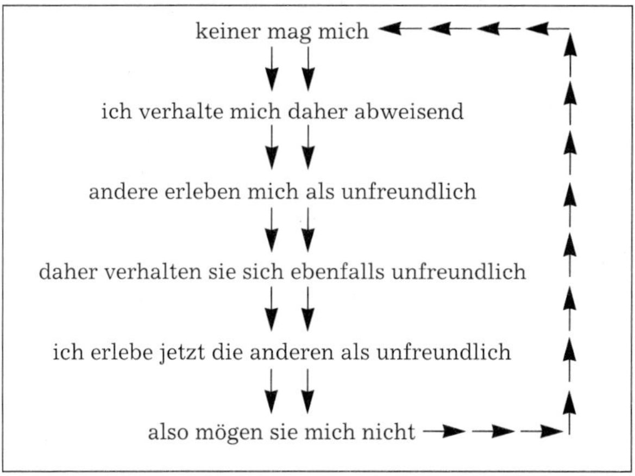

Abb. 10

Hier handelt es sich um einen klassischen Fall der berühmten „Sich-selbst-erfüllenden-Prophezeiung“, d.h. Erwartungen (Annahmen, Glaubensinhalte) beeinflussen das Verhalten so sehr, daß sie schließlich wahr werden. In unserem Beispiel wird die vermeintliche Wahrheit „keiner mag mich“ zur Suggestion, welche schließlich erfüllt wird.

Mein Zug fährt um 10.15 Uhr. 20 Minuten gehe ich bis zum Bahnhof, jetzt ist es 10.00 Uhr. Zwei Erwartungen beziehungsweise Suggestionen sind möglich:

a) Ich glaube, daß ich den Zug nicht mehr erreiche, also kann ich ruhig trödeln. Ergebnis: Ich erreiche den Zug nicht mehr.
b) Ich glaube, daß ich es schaffe, also renne ich los. Ergebnis: Wahrscheinlich erreiche ich den Zug.

7. Das Placebo

Im medizinischen Bereich sind jedermann die Placebos wohl bekannt. Das Placebo (wörtlich: ich werde gefallen) sind sogenannte „Scheinpräparate", ein meines Erachtens unglücklicher und der Sache nicht gerecht werdender Begriff. Die oft frappierende Wirksamkeit aller möglichen Beschwerden ist mittlerweile gut dokumentiert, und das beschränkt sich nicht auf vergleichbar harmlose Befindlichkeitsstörungen wie gelegentliche Schmerzen oder Schlafprobleme.

Nun sind – weit mehr als man im allgemeinen denkt – viele Medikamentenwirkungen auf diesen Effekt zurückzuführen, d.h. der Arzt glaubt zwar, daß sein Medikament geholfen hat, weitaus wirksamer war allerdings seine überzeugende Art, mit der er die zu erwartenden Wirkungen eben dieses Medikamentes glaubhaft gemacht hat. Beschreibt er zum Beispiel das neu entwickelte Mittel „placebo forte" als eines, welches „garantiert" wirkt, was Untersuchungen an Tausenden „ohne Ausnahme" wissenschaftlich nachgewiesen haben, so kann er guten Mutes von einem positiven Effekt ausgehen. Sagt er hingegen (was er so natürlich nie sagen würde) beispielsweise: „Versuchen Sie das doch mal; ich kann mir zwar nicht vorstellen, daß es bei Ihnen wirkt, aber Wunder gibt es immer wieder", so wird auch nichts geschehen.

Ich erinnere mich an Diskussionen, in denen naturwissenschaftliche „Hardliner" die Anwendung von Placebos für Betrug am Patienten hielten, weil eben kein Wirkstoff darin war. Diese streng materialistisch orientierte Argumentation ist insofern unvollständig, als sie dem Organismus die Möglichkeit (sprich: Selbstheilungskräfte) abspricht, selber Stoffe zu erzeugen. Daß Suggestionen (Informationen, Worte, Bilder) sämtliche Funktionen nachweisbar verändern können, ist doch so neu nicht. Wenn also das Placebo wirkt (in Wirklichkeit also die dem Placebo zugeschriebene Heilkraft), dann ist es doch ein hochintelligenter Schlüssel zur Mobilisierung der körpereigenen Chemie, dazu körper- und seelenfreundlich und ohne schädliche Nebenwirkungen. Meiner Überzeugung nach machen sich Leute der unterlassenen Hilfeleistung schuldig, wenn sie auf solche Möglichkeiten verzichten, weil sie ihr materialistisches Dogma nicht antasten wollen und somit weiter Gefangene ihrer Suggestion bleiben. Wer weiß, daß etwas hilft, sich aber darüber ärgert, daß die Hilfe nicht so erfolgt, wie er es sich vorstellt und deshalb auf diese Möglichkeit verzichtet, versündigt sich gegenüber seiner eigenen Psychohygiene.

8. Veränderungen sind Drohungen

Unsere zahlreichen Mitmenschen, die unter seelischen und/oder organischen Störungen leiden, behaupten übereinstimmend, daß sie unter Streß stünden. Da „Streß" ein weiter Begriff ist, haben sie auch recht, und inwieweit Streß eine „Eigenproduktion" ist, haben wir schon besprochen. Ich selber glaube, daß der Satz „Ich habe Streß" einer Suggestion gleichkommt, die zweifelsfrei richtig beziehungsweise wahr geworden ist. Nun stecken im besagten Satz noch mehr Suggestionen, so zum Beispiel, daß Streß gleich Leid bedeutet und dieses Leid unveränderbar ist, quasi schicksalhaft.

Beispiel:

In einer therapeutischen Sitzung schildert der Patient seinen Kummer, seine Symptome und Probleme. Wie immer danach auch die weiteren Schritte im einzelnen aussehen, um eines kommt der Therapeut nicht umhin, nämlich dem Patienten anzukündigen, daß seine Problematik in einem direkten Zusammenhang mit seiner Lebensführung steht, und daß dort bestimmte Veränderungen unabdingbar sein werden, will man denn eine befriedigende Lösung finden. Der Patient nickt, er stimmt zu. Innerlich nickt er allerdings nicht, d.h. in Wahrheit möchte er, daß sein Leben so bleibt wie es ist; der Therapeut soll ihm nur den Trick verraten, wie er denn seine Beschwerden los wird. Für ihn ist Veränderung eine Drohung, mit Schmerzen und Unbequemlichkeiten verbunden; außerdem wird Erfolg nicht garantiert. So braucht es schon eine gewaltige psychohygienische Kraft, um diese Klippe zu überwinden. Hier trifft oft die Weisheit zu, daß das „bekannte Elend immer noch besser ist als das unbekannte Glück".

In Streß-Situation haben Menschen eine bestimmte, individuelle, hochspezifische, aber unflexible Art zu reagieren: in ihrer Wahrnehmung mit eingeengter Aufmerksamkeit, mit typischen Gedankenmustern und Gefühlswallungen, in ihrem Bewegungs- und Handlungsablauf, hinsichtlich der Körperreaktionen, wobei spezifische Schwerpunkte (Magen, Herz, Verdauung, Haut usw.) bestehen, und in ihrem Kommunikationsverhalten.

Dieser ganze Komplex ist im Laufe der Streß-Geschichte zu einem Muster geworden, was sich in der Form (fast identisch) wiederholt. Damit hat es suggestiven Charakter angenommen, eben durch die ständige Wiederholung, wird zum Reflex, dem man nicht entkommt, verstärkt sich selbst und läßt keinen Spielraum mehr. Frage ich den Patienten, was denn in der Situation X geschehen wird, so weiß er das schon vorher ganz genau, verankert den Prozeß somit auch kognitiv als „Sich-selbst-erfüllende-Prophezeiung".

Bei einer Spinnenphobie zum Beispiel wird das Angst-Karussell durch die Suggestion in Gang gesetzt, daß eine Spinne zweifellos etwas Schreckliches ist. Im Hirn türmen sich die Gedanken „furchtbar, abscheulich, grauenvoll, unheilvoll, Flucht, Rettung, Katastrophe, Untergang" und ähnliches, begleitet von Wogen der Angst, des Schreckens und des Ekels. Herz und Blutdruck arbeiten im Akkord. Die Stimmbänder flattern vor Entsetzensschreien und die Beine rennen davon, während die Arme mit Abwehrbewegungen beschäftigt sind. Die Ohren lassen die gutgemeinten Beruhigungsversuche der anwesenden Nicht-Phobiker zwar durch, aber das Tor der bewußten Aufmerksamkeit ist für solche Kunden geschlossen.

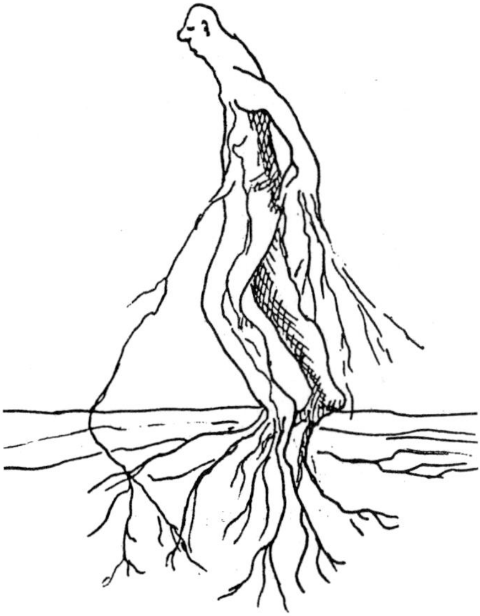

Abb. 11: Im Leid / Streß verwurzelt

Erinnert Schwester Anna die Schwester Berta daran, doch nicht zu vergessen, das Licht auszumachen, so kann es sein, daß diese das als Vorwurf versteht und die Suggestion „Vorwurf gleich persönlicher Angriff" abruft. Folglich wird das „bewährte" Reaktionsmuster abgespult:

Die – kann mich nicht leiden,
– will mich fertigmachen,
– soll sich um ihren eigenen Kram kümmern,
sind die typischen Gedanken, begleitet von Wut, Enttäuschung, Rachephantasien, Kopf- und Bauchschmerzen, die noch tagelange Verdauungsbeschwerden nach sich ziehen.

Ohne jetzt in langwierige therapeutische Analysen zu verfallen, möchte ich an dieser Stelle auf die destruktive, die Gesundheit blockierende Eingangssuggestion hinweisen, daß nämlich Veränderungen etwas Schlimmes seien. Ein guter Berater oder Therapeut wird jetzt nicht auf das „schlimme“ Verhaltensmuster einschlagen und es um jeden Preis eliminieren wollen, sondern vielmehr diese verhängnisvolle Suggestion sorgsam angehen, um den Prozeß der Veränderung vom Ruch des Schmerzvollen und Unbequemen psychohygienisch zu reinigen. Ziel ist natürlich eine neue, bessere und gesunde Suggestion, in der Veränderung als ein positiver Entwicklungsprozeß verstanden wird, der hilft und heilt, der neue konstruktive Erfahrungen möglich macht und gleichzeitig vor negativen Erfahrungen bewahrt.

9. Zur Konstruktion von gesunden Suggestionen

Ein moderner Mensch muß, um den Anforderungen der neuen Zeit gewachsen zu sein, „positiv denken“. So haben wir es alle schon gehört und können dem nur zustimmen. Nun läuft das „positive Denken“ allerdings Gefahr, durch falsch verstandene und oberflächliche Anwendung zu verkommen. Mittlerweile gibt es eine Reihe Berufener, die mit solchen Programmen und Kursen hausieren gehen und schnelles Heil suggerieren. Schaut man auf die Inhalte solcher Methoden, so wird zumindest dem erfahrenen Praktiker schnell klar, wie simpel und flachsinnig die Dinge angelegt sind. Kurz: Positives Etikett drauf und alles ist o.k. Man braucht bloß alle negativen Vokabeln durch positive zu ersetzen, sich das ganze immer wieder zu denken und (auch anderen) zu sagen und schon ... stellen sich nach einiger Zeit Hochgefühl, Vitalität, Gesundheit, Kreativität und ein erfülltes Leben von selbst ein. Konflikte, Unglück, Verlust und Trauer gibt es nicht, und wenn doch, so hat man eben etwas falsch gemacht. Da hilft nur verstärkter positiver Einsatz, und dann werden die Dinge, die einem den Genuß am Leben verderben, bald mit Gewalt und geballt an den Rand des Bewußtseins gedrängt und in den Abgrund des Vergessens gestürzt. Da braucht dann nichts – welch' mühsame und altmodische Art! – aufgearbeitet, differenziert und integriert zu werden.

Damit ist – wohlgemerkt – das positive Denken nicht disqualifiziert, sondern verlangt nach gewissenhafter Anwendung. Wer also die Möglichkeiten der Suggestionen für sich und andere nutzbringend anwenden will, sollte ein paar Regeln beherzigen.

Regel eins: Klare, positive Zielformulierung und Verzicht auf Negationen!

Erläuterungen: Wenn ich meine Patienten frage, was sie denn haben wollen, so sagen sie oft, was sie nicht haben wollen. Ein Schmerzgeplagter will also keine Schmerzen mehr haben. Nun weiß man, daß Autosuggestionen (Suggestionen, die man an sich selbst richtet) um so wirksamer sind, je präziser sie formuliert werden. Sage ich dem Verkäufer im Konfektionsladen, daß ich *keine Hose* möchte, so wird uns beiden das nicht viel weiterhelfen. Beim autogenen Training zum Beispiel ist meine ins Bild gesetzte oder konkret formulierte Suggestion unmißverständlich auf „Wärme" gerichtet, denn damit kann mein Inneres etwas anfangen und dem Körper entsprechende Impulse zukommen lassen.

Die Mahnung an das Kind „Fall nicht die Treppe herunter! " ist allenfalls gut gemeint, ansonsten ist sie eine Aufforderung, die Treppe herunterzufallen. Wir denken vorwiegend in Bildern, Kinder besonders. Um eine Verneinung in Bildern darzustellen, benötigt man zwei Bilder, d.h. das erste Bild muß den Vorgang darstellen (zum Beispiel rauchen), das zweite Bild muß ihn wieder wegnehmen (zum Beispiel durchstreichen). Das Kind stellt sich in diesem Fall also zuerst vor, wie es die Treppe hinunterfällt, um sich dann zu sagen (vorzustellen, zu suggerieren), genau das nicht zu tun. Zwei sich widersprechende Bilder streiten jetzt im Gehirn, d.h. die Anweisung ist unklar. Das Kind „hört" zwar, was es nicht machen soll, kann es aber nicht wirksam und anschaulich umsetzen. Es wird zusätzlich unsicher und fällt wahrscheinlich runter. Das Schlimmste kommt noch: „Ich habe Dir doch gesagt, daß Du nicht runterfallen sollst!"

Regel zwei: Die Fähigkeiten ansprechen und stärken, welche zur Zielerreichung notwendig sind!

Erläuterungen: Die oben erwähnte Aufforderung wird das Kind verwirren und die Treppensturzwahrscheinlichkeit erhöhen. Besser ist es, dem Kind konkret zu sagen, was es denn tun soll: „Halte Dich am Geländer fest und gehe langsam!" ist bildlich leicht vorstell- und umsetzbar. Wenn das Kind diese klare Handlungsanweisung befolgt, fällt es nicht die Treppe herunter. Damit nimmt die Suggestion Einfluß auf den Vorgang, der das erwünschte Ziel wahrscheinlich macht. In der ersten Version „Fall nicht..." steht das Resultat im Mittelpunkt, auf das man ohnehin keinen Einfluß hat.

So kann ich mir auch nicht erfolgversprechend suggerieren, daß ich die nächste Prüfung bestehe. Auf das Resultat habe ich so keinen Einfluß, aber die Voraussetzung für ein gutes Bestehen sind von mir beeinflußbar, also Fleiß, Ausdauer, Gedächtnis, Konzentration und Arbeitsfreude. Wenn ich darauf meine Suggestionen richte zwecks Stärkung der genannten Fähigkeiten, dann werde ich auch aller Wahrscheinlichkeit nach die Prüfung bestehen.

Regel drei: Positives aufbauen statt Negatives abbauen!

Erläuterungen: Hier greifen wir einen wichtigen Unterschied im Gesundheitsverständnis zwischen Medizin einerseits und Psychohygiene und ganzheitlicher Gesundheit andererseits auf. Für die einen ist ein Mensch gesund, wenn die Krankheit beseitigt ist. Das ist auch zunächst einmal ein klares Ziel und auch im Sinne des Patienten. Erklärter Ansatzpunkt ist somit die Krankheit beziehungsweise die damit verbundene Symptomatik. Eine entsprechende Suggestion, die dieses Verständnis besitzt, müßte dann folgerichtig auf Beseitigung des Schmerzes, der Angst oder der Depression gerichtet sein. Das funktioniert – trotz Logik – nicht dauerhaft, weil Regeln eins und drei nicht beachtet werden.

Um etwas Negatives zu beseitigen, muß ich es nennen, d.h. im Gehirn wird ein Bild dessen erzeugt, was eigentlich weg soll. Der Hund, welcher auf die Suggestion „faß!" tatsächlich faßt, wird das auch tun, wenn ich „faß nicht!" rufe. Er hört „sein" Kommando und tut's, die Verneinung interessiert ihn nicht.

Ist es im therapeutischen Vorgehen sinnvoll, mit Suggestionen gegen die Angst anzugehen, so werde ich das Wort selber nicht verwenden, sondern mich um das Gegenteil von Angst kümmern, nämlich Vertrauen. Je mehr ich das Vertrauen stärke, aufbaue und ihm Raum verschaffe, um so weniger Platz bleibt der Angst. Im Ergebnis ist nicht nur die Angst gering und unbedeutend (womit der ursprüngliche Auftrag erfüllt wäre), sondern zusätzlich ist noch etwas Besseres da, was nicht nur ungleich angenehmer ist, sondern auch Perspektive bietet.

Um es im Bild zu veranschaulichen: Habe ich eine Mäuseplage im Garten, so kann ich verschiedene Mausvernichtungsmethoden ausprobieren, wie Gift auslegen, schießen oder mit der Schippe draufhauen. Ich kann auch ökonomischer und hygienischer vorgehen, indem ich mich daran mache, mir ein paar Eulen oder Katzen zu besorgen, die das Problem viel eleganter erledigen und darüber hinaus mehr Freude bereiten. Statt eines „Anti-Mäuse-Programms" bevorzuge ich ein „Pro-Eulen-Programm".

Regel vier: Keine globalen und absoluten Ziele formulieren, statt dessen überschaubare Teilziele anstreben!

Erläuterungen: Eine Suggestion wie „ich möchte das totale Glück für immer" und „ab jetzt geht es mir nur noch gut und noch besser" sind verständliche Wünsche, aber als Suggestion denkbar ungeeignet. Schmerzen, Angst, Trauer und andere Befindlichkeiten sind oft aus psychohygienischen und der individuellen Entwicklung dienenden Gründen sinnvoll und sollten daher – zumindest eine Zeit lang – akzeptiert werden. Nur haben wir Akzeptanz nicht gelernt, sondern stellen den Anspruch auf Beschwerdefreiheit, d.h. diese Empfindungen werden sofort und vehement bekämpft – mit dem Mißerfolg, daß sie chronische Begleiter werden.

Wenn wir also auf der einen Seite das notwendige Vorhandensein von derartigen Gefühlen akzeptieren, auf der anderen Seite aber – getragen vom Freundschaftsprinzip zu uns selbst – eine angemessene Reduzierung und Gesundung suggestiv unterstützen, haben wir gute Aussicht auf ein Gelingen. Wenn wir also nicht unverschämt werden und sofort totale Gesundheit verlangen, sondern Teilziele, zum Beispiel Abflauen des Schmerzes anstreben, so kann sich der Organismus auch eher darauf einlassen.

Regel fünf: Nur im Einklang mit den eigenen Bedürfnissen und Interessen arbeiten!

Im zweiten Kapitel haben wir erfahren, daß die Menschen nun mal unterschiedlich ausgeprägte Bedürfnisse haben. Bin ich nun mal ein relativ introvertierter Mensch, dem allzuviel Geselligkeit nicht liegt, dessen Bekannte aber der Geselligkeit oft und lange frönen, gerate ich in einen Konflikt. Einerseits möchte ich dabeisein, fühle mich aber nach einiger Zeit nicht wohl, andererseits möchte ich mich nicht ausschließen, denn dann genieße ich keine Geselligkeit mehr.

Nun könnte ich auf die Idee kommen, mich – respektive mein Geselligkeitsbedürfnis – mit Hilfe von Suggestionen so zu beeinflussen, daß ich auch so ein geselliger Typ werde. Hier wird mein Inneres nicht mitspielen, da ich mehr verlange, als ich eigentlich mir selbst zu geben bereit bin. Ebenso wenig kann ich mich dazu bringen, Opern zu mögen, wenn ich Rockmusik bevorzuge. Hingegen können Interessen und Bedürfnisse, die bisher behindert oder verschüttet waren, durch Suggestionen wiederentdeckt, gefördert und zu Quellen meiner individuellen Entwicklung veredelt werden.

Hier taucht die klassische Frage auf, ob man jemanden gegen seinen Willen zu kriminellen Handlungen anstiften kann. Jeder Mensch hat so etwas wie eine „ethische Barriere“, worunter man die Widerstandskraft gegenüber den Versuchungen versteht, sich auf unrechtmäßige Weise Reichtümer und Vorteile zu verschaffen. Hypnotisiere ich jemanden und gebe ihm die Suggestion, doch im Kaufhaus etwas zu „klauen“, und er tut es und bringt die Polizei gleich mit, und behauptet, unschuldig zu sein, weil ich ihm den Befehl gegeben hätte, so ist das nur dem Anschein nach richtig.

Einen Menschen, dessen Moral so „dick“ ist, daß es eines gewaltigen Aufwandes bedürfte, ihn in die Unehrlichkeit zu lokken, werde ich auch in einer hypnotischen Trance nicht dazu bringen. Ein anderer Mensch allerdings, dessen Weg von der Ehrlichkeit zum Diebstahl nur ein paar Schritte weit ist und der bisher vielleicht nur mangels Gelegenheit ehrlich geblieben ist, könnte von einer entsprechenden Suggestion durchaus in dieser Richtung „unterstützt“ werden. Im ersten Fall wäre die Suggestion also gegen die innere Überzeugung gerichtet und damit wirkungslos, im zweiten Fall wäre kaum Widerstand zu überwinden.

Abb. 12: Als der Rentner G. Brechlich herausfand, daß sein Name eine Suggestion ist, der er sich im Laufe der Jahre immer mehr angepaßt hatte, schleppte er sich zum Gesundheitsamt und beantragte Namensänderung. Seinem Antrag wurde entsprochen und so sehen wir ihn hier voller Freude über seinen neuen Namen: G. Nesen.

Regel sechs: Phantasie und Bilder benutzen, um die Ziele anschaulich zu gestalten!

Erläuterungen: Eine alte Weisheit, die sich auch in der Psychotherapie immer wieder bestätigt und für die Psychohygiene eine unersetzliche Hilfe bedeutet, spricht von dem „Bild, was mehr als tausend Worte sagt“. Ein wichtiger therapeutischer Begriff lautet „Das Bild des Gelingens“ , das um so gründlicher wirkt, je klarer, anschaulicher, persönlicher und attraktiver es im Schädel verankert ist. Erinnern wir uns: Ein Bild ist nicht nur ein Bild, sondern ein biochemischer Prozeß, der darüber entscheidet, wie fröhlich und gesund ich bin.

Schlußbetrachtung

Wissen einige Beteiligte um die Möglichkeiten, die heilenden Kräfte der Bilder und Worte einzusetzen, so können beispielsweise Operationen intelligent vorbereitet werden: Ruhigstellung des Patienten, weniger Anästhesie mit weniger Risiko, Herstellung einer entspannten Atmosphäre, die ihrerseits den Selbstheilungskräften optimale Arbeitsbedingungen schafft. All dieses trägt dazu bei, die Selbstheilungskräfte sinnvoll zu kanalisieren und den effizientesten Helfer zu mobilisieren, den es überhaupt gibt: den Organismus selber. Weiß ich, was alles durch Suggestionen vielfältigster Art zu bewerkstelligen ist, so tue ich gut daran, diese Kräfte im Sinne meiner Gesunderhaltung und Lebensgestaltung nutzbar zu machen. Tue ich dies – aus welchen Gründen auch immer – nicht, so gehöre ich wegen unterlassener Hilfeleistung an mir selbst eigentlich streng bestraft.

Das verlangt auch einiges an Denk- und Energieaufwand, ämlich

- ein differenziertes Bewußtsein für die Wichtigkeit der Thematik,
- Intelligenz zum „Kapieren“ der Zusammenhänge,
- Fähigkeit zur Selbstentspannung,
- ausreichende Frustrationstoleranz für die Dinge, die nicht so laufen wie gewünscht, und letztlich
- Ausdauer oder eine konstruktive Art von Sturheit.

Nun hängen aber viele Beteiligte an der Bequemlichkeit der chemisch-apparativen Vorstellung von Heilung und Gesundheit – und viele werden auch weiter hängenbleiben. Aber für manchen mag – so hoffe ich – hier an dieser Stelle ein vielversprechendes Bild vom heilsamen Nutzen der Worte und Bilder entstanden sein. Möge er/sie diese freundlich einladen, doch einen wichtigen Platz im Bewußtsein einzunehmen, auf daß sich eine gedeihliche Zusammenarbeit entwickeln möge. Der Lohn: Eine Schar unauffälliger, aber hochpotenter Helfer, die einem Vergleich mit den legendären Heinzelmännchen locker standhalten.

Kapitel VII: Selbst(Ver)achtung

Es soll tatsächlich Menschen geben, die sich selber so annehmen, wie sie sind, d.h. mit allem, was sie tun, fühlen und denken. Das sind Ausnahmen. Ungleich häufiger treffen wir Menschen, die sich selber ablehnen, innerlich ständig unzufrieden und dem ungerechten Schicksal gram sind, das sie so benachteiligt hat. Auf diese Weise haben sie eine Menge „Probleme". Sie sind nämlich nicht so, wie sie sein sollten, also zu klein, zu dick, zu faltig und nicht reich genug. Und außerdem: „Wer" ist man schon, mit so einer „lahmen Karre" von Auto? Die Lösung ist denkbar einfach: Man braucht doch nur so zu sein, wie man sein soll, und schon sind die Probleme gelöst. „Dicke" lenken ihre Wahrnehmung auf die „neuen Erfolgsdiäten", „Faltige" auf Kosmetika mit dem garantierten Glätte-Faktor und „Untermotorisierte" studieren die verlockend günstigen Kreditbedingungen. Da freuen sich, der Einzelhandel, der Autohandel, der Schönheitshandel und besonders der Gesundheitshandel. Deren natürliche Feinde sind Selbstakzeptanz und Selbstgenügsamkeit – doch die haben schlechte Karten, solange das Selbstbild glaubt, mit dem Fluch der Unvollkommenheit behaftet zu sein und ohne Unterlaß versucht, sich konsumierend davon zu befreien.

1. Das starke und das schwache Selbst

Unter Stärke versteht man im allgemeinen eine Ansammlung von Kraft und Energie. Der Starke kann Bäume biegen und die

Kisten selber schleppen, falls der Gabelstapler ausfällt. Der Schwache hingegen kann nur Bananen biegen und Gabeln stapeln. Nun ist es zweifellos richtig, so etwas wie innere Stär-ke gleichzusetzen mit dem Mut, Dinge zu tun, die unangenehm, emotional belastend oder sehr aufwendig sind. Innere Stärke zeigt sich aber auch dann, wenn es gilt, bestimmte Dinge nicht zu tun. So ist die Widerstandskraft gegenüber Verlokkungen und Versuchungen – egal, ob moralisch, wirtschaftlich oder zwischenmenschlich – genauso ein Maß für persönliche Stärke, nämlich die des Charakters. Dies meinen wir, wenn wir von einem „starken Charakter" oder einer „starken Persönlichkeit" sprechen.

Geschichte, Märchen und Religion sind voll von Beispielen solcher Art Stärke: Jesus hat den Verlockungen des Teufels widerstanden, ebenso der heilige Antonius; Circe konnte Odysseus nicht becircen, und seine Gattin Penelope stand ihm in nichts nach.

Welchen besonderen Stellenwert dieses Thema genießt, merkt man bei Drogen, Alkohol und Nikotin. Die Nicht-Betroffenen haben „gut reden" und in der Regel wenig Verständnis, welche psychische Leistung es erfordert, von einer Sucht loszukommen. Dabei vergessen sie oft, wie leicht sie selber der Versuchung des Schokoladenriegels und des letzten Stückes Kuchen erliegen, worum es – wenn es nicht gegessen würde – „ja schade" wäre. Die unterentwickelte Fähigkeit, einer Versuchung widerstehen zu können, macht allerdings oft psychohygienisch zweifelhafte Formen von kreativer Energie frei, welche dann Ausdruck in Sprüchen finden wie „…ehe ich mich schlagen lasse…" (als wenn das die Alternative wäre).

Das schwache Selbst ist nicht deswegen schwach, weil es zu wenig Energien hat, sondern mehr deswegen, weil es seine Energien nicht bündeln und auf ein Ziel ausrichten kann. Es verzettelt sich, hat keine klare Perspektive, sondern statt dessen immer wieder neue Perspektiven, die entsprechend Energien „fressen". Statt „schwach" wäre der Ausdruck „diffus" treffender, was auch bedeutet, daß Energien unökonomisch in Verhaltensweisen gesteckt werden, die nicht den gelungenen Abschluß einer Handlung oder Aufgabe anstreben. Vermeidung ist das Ziel. Folgendes Beispiel – direkt aus dem Leben gegriffen – möge dies veranschaulichen:

2. Was tut man nicht alles, um nichts zu tun

Ich sitze behaglich zu Hause im Sessel und lasse meinem Körper viel Gutes angedeihen, indem ich ihn mit entspannender Wärme und wohltuender Schwere verwöhne. Derweil verweilt mein Geist in friedvoller Heiterkeit allumfassender Ruhe und Harmonie. Des Alltags Banalitäten sind gar so fern, als plötzlich eine Frage die Stille durchschneidet: „Hast du daran gedacht, den Mülleimer rauszubringen… oder hast du es wieder vergessen? …“ Nein, vergessen habe ich es nicht, aber herausgebracht habe ich den Mülleimer auch noch nicht.

Wie auch immer, durch diese brutale äußere Manipulation ist die Harmonie zerbrochen, mein Bemühen um Genesung und Gesundheit ist vereitelt, ja sabotiert.

Dieser heimtückische Anschlag auf den Weltfrieden schreit nach Vergeltung – und nicht zu knapp! Aber zuerst sollte der Mülleimer rausgetragen werden. Etwa von mir? Ich, der sich sein Leben lang nicht gescheut hat, bei Blitz, Donner, Schnee, Glatt- und Softeis seinen malträtierten Organismus den Unbilden des gnadenlosen Schicksals auszusetzen, um dann doch gerade unterhalb des Existenzmaximums sein Dasein mehr gut als schlecht zu fristen?

Jetzt muß mir was einfallen! Die Muse der Ausrede möge das Füllhorn der Entschuldigungen über mir ausgießen! Also antworte ich, entsprechend pikiert ob solch eines irdischen Ansinnens nach Müllbeseitigung: „Natürlich habe ich daran gedacht! (Hab' ich ja auch, nur verdrängt). Aber ich konnte ihn noch nicht rausbringen (natürlich konnte ich, aber es macht sich besser als keine Lust zu haben), weil (jetzt muß mir was einfallen, denn jetzt ist der kreativste Moment für Ausreden gekommen) … äh… weil … (mein ohnehin schon geplagtes Hirn dreht noch einmal auf) … weil ich erst noch telefonieren mußte (mein Gott, was für eine lahme Ausrede, aber besser als nichts!)." „Telefonieren?", so kommt es ungläubig zurück. „Jawohl, telefonieren. Du tust es ja nicht! (Jetzt hab' ich's, jetzt wird der Spieß umgedreht!) Heute morgen habe ich dich schon gebeten, Bescheid zu sagen, wann wir kommen. Aber Du hattest ja keine Lust!"….„Ich keine Lust? Ich hatte was anderes zu tun: Aufräumen, wozu Du keine Lust hast!" (Au weia! Jetzt sind wir mitten drin im Pingpong-Spiel der Vorwürfe.) „Ich konnte gar nicht aufräumen, weil ich was für Dich in der Stadt besorgt habe (nicht schlecht!)"… „Du bist doch nicht in die Stadt gegangen, um was für mich zu besorgen! Du wolltest doch nur für Dich…"

Hier blenden wir uns aus, denn unser Langzeitgedächtnis weiß selbst, wie es weitergeht. Diese Geschichte aus dem täglichen Leben der Jedermanns macht deutlich, welche unerschöpflichen Argumentationsreserven in der Not aktiviert werden, um Rechtfertigungen für Nichts-Tun zu finden. Und sie werden gefunden! Machen wir aus dem Ganzen eine Kosten-Nutzen-Rechnung, so ergibt die Energie, die in die Suche nach Ausreden gesteckt wird, ein Vielfaches der Energie, die aufgewendet werden mußte, um den Mülleimer rauszubringen.

Hier finden wir ein populäres Vermeidungsmuster, welches den direkten Weg der Stärke scheut und verschlungene Pfade der Ausweichstrategien bevorzugt. Psychohygienische Bedenken sind schon deshalb angebracht, weil solcherlei Muster das Hirn weiträumig besiedelt haben und nur mit großer Mühe in die angemessenen Reservate zurückgeschafft werden können.

3. Die Hitparade der Wichtigkeiten

Eine Patientin, die wegen zweier bösartiger Tumore (an Niere und Lunge) eine Psychotherapie begann, wurde von mir gebeten, doch mal eine Hierarchie, eine Rangreihe der für sie wichtigsten Menschen aufzustellen. Das ergab folgende „Hitparade“:

1. Der Ehemann
2. Die ältere Tochter
3. Der Sohn
4. Die jüngere Tochter
5. Ihre Mutter
6. Ihr Vater
7. Ihr Bruder
8. Ihre Schwiegereltern

Auf meine Frage, wo sie denn „selbst“ in dieser Liste auftauchte, stutzte sie erst und sagte dann: „So etwa zwischen Platz 12 und 15.“ Ich lernte sie im Laufe der nächsten Sitzungen als einen Menschen kennen, der nahezu ausschließlich Nächstenliebe praktizierte, diese aber einseitig als Versorgung ihrer Nächsten verstand. Sie war für die anderen immer da, sorgte für deren Wohl und ordnete ihre eigenen Interessen den Interessen der anderen unter. Wenn dann doch noch irgendwann etwas Zeit für sie selbst überblieb, war sie zu müde, um etwas für sich selbst zu tun. Ihre „Selbst-Identität“ war nahe vollständig beherrscht von Gedanken und Sorgen um „das Wohl ihrer Lieben“.

Meinen Einwand, daß Nächstenliebe auch sich selbst einschließen müßte, ließ sie anfangs zwar gelten, hielt die Umsetzung aber praktisch für undurchführbar. Nun liegt das Heil ja nicht darin, das System ins Gegenteil zu kehren und nur noch für sich selbst da zu sein. Das wäre ein brachialer Versuch, das Innerste „umzumodeln“, würde entsprechende Widerstände auslösen und letztlich auch nicht funktionieren. Das Ganze ist auch keine Frage des „entweder-oder“, sondern eine Herausforderung an eine angemessene und veränderte Hitparade, in der „ich selbst“ die „Nummer 1“ bin. Das schließt die anderen keineswegs aus, sondern bereitet einen wesentlich ökonomischeren Weg, denn: „Anderen kann ich doch am wirkungsvollsten helfen, indem ich erst einmal mir selber Gutes tue.“ Ein Mensch, der gefestigt, stabil, selbstvertrauend und stark ist, kann doch ungleich mehr tun als jemand, dessen Energien sofort in die Interessen der Umwelt fließen. Dessen Substanz ist irgendwann verbraucht, und dann wird er krank und keiner hat etwas davon. Mit diesem Gedankengang konnte sie sich schon eher anfreunden.

4. Hilfeschreie aus dem Inneren

Das „Für-andere-da-Sein“-Muster habe ich in dieser extrem ausgeprägten Variante dermaßen häufig bei Krebsbetroffenen feststellen können, daß ich – am Beispiel dieser Krankheit – einige psychohygienisch-psychosomatische Anmerkungen dazu machen möchte:

- Der Krebsbetroffene hat ein ausgeprägtes Harmoniebedürfnis. welches er sich zu erfüllen hofft, indem er sein Denken und Handeln auf den „Dienst am Nächsten“ ausrichtet.
- Krebs ist ein Hilfeschrei des „inneren Freundes“, welcher sagt, daß dieses Muster inzwischen selbstzerstörerisch geworden ist und abgelöst werden soll.
- Folglich lautet die Botschaft: Du selbst bist der Wichtigste. Überdenke Deine Prioritäten und setze sie neu fest.
- Der Krebs zwingt den Kranken, sich selbst in den Mittelpunkt des Lebens zu stellen und damit etwas zu tun, was bisher stark vernachlässigt worden war.

Nun könnte man einwenden: „Wenn der Krebs Ausdruck der Hilfeschreie und Botschaften des Inneren sind, warum dann so hart, warum dann in einer so lebensbedrohenden Form?" Meine Interpretation dazu lautet: „Der Krebs ist sicher nicht ganz plötzlich erschienen, sondern ihm sind viele Reaktionen/Beschwerden/Krankheiten vorausgegangen, die leider nicht adäquat verstanden und behandelt wurden. Daher wählt der Organismus das letzte und das härteste Mittel, um endlich ernst genommen zu werden."

Als Therapeut bin ich parteiisch, d.h. ich ergreife Partei für den „inneren Freund" meiner Patienten. Ich will mit ihm zusammenarbeiten, seine Bedürfnisse und Hinweise verstehen, um dann mit dem Patienten ein therapeutisches Konzept zu erarbeiten, in dem das „Selbst" aus dem Kerker des mit „anderen" Personen und Dingen beladenen Bewußtseins befreit wird und endlich die Selbstheilungs- und Selbstgestaltungskräfte „auf Touren" kommen.

Demzufolge halte ich äußerst wenig von den einseitigen und schnellen „Krebstherapie-Klassikern" mit Stahl, Strahl und Chemie (von spezifischen Ausnahmen abgesehen); denn nach meiner Überzeugung und Erfahrung wird dadurch nichts an den Bedingungen geändert, die der Krankheit den Boden bereitet haben. Bleibt die „Hitparade" nach einer Therapie – welche immer das gewesen sein mag – dieselbe wie vorher, ist nichts gewonnen, aber viel verloren.

5. Das Problem mit der Semantik

Unter „Semantik" versteht man die Bedeutung von Wörtern und Sprache. Wenn ich ein Problem habe, dann habe ich wirklich eins, sofern ich überzeugt bin, daß es tatsächlich ein Problem ist. Wenn ich also glaube, daß ich zu dick bin, und Dick-Sein ein Problem ist, dann habe ich ein dickes Problem. Aber das eigentliche Problem – so es denn eins ist – hat semantischen Charakter und liegt in oder an mir selbst beziehungsweise an der problematischen Bedeutung, die ich dem Thema beimesse. Meine Semantik entscheidet demnach, ob und wie viele Probleme ich habe – nicht die anderen oder die Gesellschaft. Ein Beispiel soll dies verdeutlichen:

Eines Tages bekomme ich nicht wie gewohnt einen Parkplatz in der Stadtmitte, sondern erst einige hundert Meter weiter weg, hinter einem Park. Ich laufe also 15 Minuten bis in die Stadt und in meinem Kopf habe ich ein Parkplatzproblem, worüber ich mich entsprechend ärgere und mir die Laune verderben lasse. Wenn man von seinem Auto ziemlich weit zu seinem Ziel laufen muß, ist das ein Problem, das weiß doch jeder! Den Weg als schönen Spaziergang betrachten können nur weltfremde Spinner, oder?

In der Psychotherapie der Meditation oder verwandten Verfahren, welche das „Selbst" in den Vordergrund stellen, gibt es keine dummen Fragen. Alles, was mich betrifft, zu mir gehört und aus mir erwächst, bin ich, ist ein Teil von mir und entzieht sich den alltäglichen semantischen Konventionen. In Lebensbereichen, die in sich geschlossen sind und nach festen, definierten Regeln arbeiten, sind Begriffe wie „richtig" oder „falsch" angebracht; denn sie sind nachprüfbar und eindeutig. Labormedizinische Befunde wie „positiv" und „negativ" sind präzise definiert; mathematische Aufgaben lassen in der Regel nur eindeutig beschreibbare Lösungen zu. Die allgemeinen Moralvorstellungen können recht sicher beschreiben, welches Verhalten „gut" oder „schlecht" ist.

Wir alle arbeiten täglich und stündlich mit solchen Begriffen, klassifizieren damit unsere Eindrücke und bewerten Ereignisse und Personen. Ein „schwaches Selbst" oder besser ein semantisch „unaufgeklärtes Selbst" vermag aber die Trennung dort nicht zu vollziehen, wo sie notwendig ist: bei Gefühlen, Empfindungen, Bildern und Gedanken. Dies ist ein Bereich, in dem diese Begriffe eigentlich nichts zu suchen haben, weil sie den objektiven Rahmen der Semantik sprengen. Eine Frau liebt ihren Mann nicht mehr: „Ist das richtig? Das darf ich doch nicht! Ich mache mir solche Vorwürfe." Ein anderer freut sich, daß sein „Lieblingsfeind" verunglückt ist: „Mein Gefühl ist mit Sicherheit falsch! Ich darf es nicht haben! Es ist schlecht, so etwas tut man nicht." Eine Endlos-Serie von Selbstvorwürfen folgt, die Selbstachtung „verkommt" und der Körper wird in Mitleidenschaft gezogen, „funktioniert" nicht mehr so richtig, und der gesamte physische Organismus paßt sich kontinuierlich dem „kranken" inneren Selbstbild an.

Psychohygienisch gesehen verwandelt sich die Seele in „Teufels Küche", wenn sie solche rationalen Begrifflichkeiten wie „richtig" und „falsch" verwendet, wo sie nichts zu suchen haben. Die Selbstachtung erduldet ein Martyrium, wenn sie sich auf die Frage nach den richtigen oder falschen Gefühlen einläßt. Meine Gefühle sind der wesentliche Teil meines „Selbst", und die außeremotionalen Bereichen entlehnten Begriffe sind explosive Fremdkörper, die innere Flächenbrände anrichten. Es gibt keine falschen Gefühle – es gibt nur *meine* Gefühle. Daß ich manchmal gerne andere beziehungsweise angenehmere hätte, ist nur natürlich. Liebe in einen Zusammenhang mit „positiv" oder „negativ" zu stellen ist allenfalls albern, hält uns jedoch nicht davon ab, sie für positiv zu halten, wenn uns der geliebte Partner auch liebt, oder für negativ zu halten, wenn der jemanden anderen liebt.

6. Ein Problemverringerungsmodell

Folgendes Beispiel wird mancher für eine Milchmädchenrechnung halten, womit er auch recht hat, wenn er die zahlenmäßige Aufteilung meint. Die wohlmeinende psychohygienische Absicht liegt aber vermehrt in der Art des Vorgehens beziehungsweise der Begründung, die manches Problem als Nicht-Problem entlarven hilft und so dem geplagten Selbst einige Bürden abnimmt:

Nehmen wir (aus rechnerisch vereinfachten Gründen) an, daß wir zur Zeit hundert Probleme haben, das sind zum Beispiel hundert Wackersteine, die es zu schleppen gilt. Wie viele davon sind – nach genauerer Analyse – echte, mich persönlich berührende Probleme und wie viele davon semantische, d.h. aufgesetzte Probleme? Probleme der anderen, die ich kritiklos übernommen habe? – Ein Drittel fällt heraus.

Wie viele davon sind ohnehin nicht zu lösen, d.h. Dinge, auf die wir keinen Einfluß haben, die aber desungeachtet unser Denken bevölkern? – Wir befreien uns von einem weiteren Drittel.

Von den verbliebenen Restproblemen sind wie viele hier und jetzt von uns zu lösen? – Es bleiben sechzehn übrig.

Von diesen sechzehn erfordern sieben einen derartig hohen Aufwand an Zeit und Energie, daß eine Lösung unökonomisch wäre. Wir trennen uns von ihnen und wenden uns den letzten neun zu. Drei davon können wir lösen im Sinne von „auflösen“, d.h. beseitigen, klären, aus der Welt schaffen.

Drei weitere können wir „ablösen“, indem wir zum Beispiel die Lösung jemandem anderen überlassen. Der Begriff „Problem“ (griech.) bedeutet „das Vorgelegte“, d.h. wir können es auch woanders hinlegen, uns davon trennen oder es von uns trennen.

Die übrigen drei können wir mit unseren Möglichkeiten nicht lösen, wir versuchen es, aber es gelingt nicht. Dieser unaufgelöste Rest – also drei Wackersteine – ist tragbar; d.h. einfach, daß wir den Anspruch auf eine hundertprozentige Lösung aufgeben, somit eine erträgliche Last akzeptieren und dafür einiges an innerer Ruhe „einlösen“.

7. Rückschläge, die keine sind

Menschen, die den psychotherapeutischen Weg einer Selbstveränderung wählen, haben entscheidende Schritte dazu schon lange vor Therapiebeginn getan, sind sich dessen allerdings zunächst nicht bewußt. Das erste Ziel einer Therapie ist nicht – wie man im allgemeinen meint – Besserung und Heilung, sondern Bewegung. Symptome entstehen dann, wenn – vereinfacht ausgedrückt – kognitive und seelische Strukturen erstarrt sind und eine Weiterentwicklung blockieren. Als Therapeut bemühe ich mich nun, zuvörderst Bewegung in diese Strukturen zu bringen, d.h. den Patienten innerlich „anzuschieben", ihn im positiven Sinne „unruhig" zu machen und dabei in Kauf zu nehmen, daß sich seine Symptome deutlicher äußern beziehungsweise noch weitere Symptome auftauchen. Dies ist dann das erste wichtige Signal für die In-Gang-Setzung eines neuen Lernprozesses.

Wohlgemerkt: Ich freue mich nicht über die verschlimmerte Symptomatik, sondern über das beginnende Überwinden der inneren Festgefahrenheit. Mit dem normalen beziehungsweise gewohnten Verständnis schaut man nur auf das Symptom: Wird es besser, war das Mittel richtig, wird es dann wieder schlechter, handelt es sich offensichtlich um einen Rückschlag. Daß der Organismus auf dem Weg zu einer wirklichen Besserung oder Heilung einige Entwicklungsphasen durchläuft, in denen die Symptomatik sich ebenfalls bewegt, d.h. mal besser und mal schlechter wird, kann man nur mit einem ganzheitlichen Verständnis ermessen. Rückschläge sind also keine, sondern „Täler" in der Entwicklung. Man sollte nicht einseitig nur auf das Symptom schielen, sondern das Ganze als Prozeß im Auge behalten.

Wenn wir zur Veranschaulichung des Gesundungsverlaufes das Bild eines Weges (vgl. Abb: 13) benutzen, der von Frustheim nach Glücksberg führt, so wird deutlich, daß dieser Weg nur durchs Jammertal führen kann. Doch da will keiner durch, weil es dort noch schlimmer als in Frustheim ist. Außerdem ist man im Jammertal noch weiter weg von Glücksberg. Schauen wir also nur auf die Entfernung, so ist der Abstieg ins Jammertal ein Rückschritt und vergrößert die Distanz zum Ziel noch weiter. Aber auch mit schwach ausreichendem „gesundem Menschenverstand“ wird eindeutig, daß die Heilung in Glücksberg nur über den scheinbaren Umweg möglich ist. Und so entscheidet sich mancher dann doch dafür, daß sein Elend in Frustheim noch erträglich ist. Er bleibt lieber, wo er ist – was nicht nur lokal zu verstehen ist.

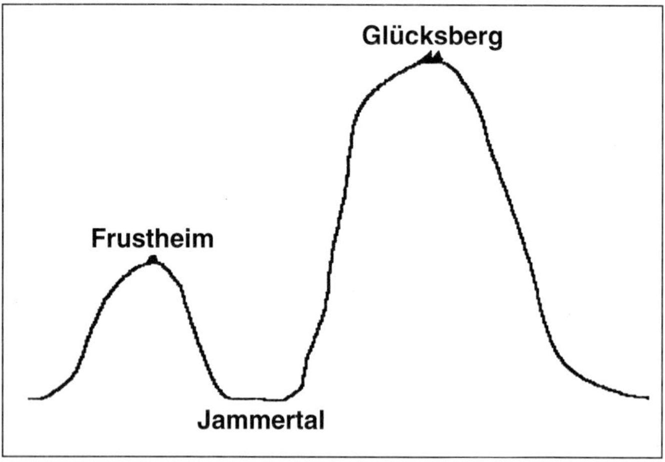

Abb. 13: Von Frustheim führt der Weg nach Glücksheim nur über das Jammertal

Der Wanderer allerdings, der sich traut, das bekannte Elend in Frustheim aufzugeben, hat noch allerhand vor sich, und der Zweifel wird sein ständiger Begleiter sein. Nur: Der Wert an sich hat einen direkten Bezug zu den Schwierigkeiten, die es zu überwinden oder auszuhalten gilt. Was leicht und schnell zu erreichen ist, hat in unserem Verständnis der Welt auch nur geringen Wert. Sich den „Genuß sofort“ zu verschaffen, erweist sich letztlich als unbefriedigend (vgl. Kapitel III) und besitzt daher nur geringen Wert.

Wert hat sicher auch etwas mit der Häufigkeit des Vorkommens zu tun, weswegen Spezialisten mit seltenen Fähigkeiten auch hoch bezahlt werden. Der Weg nach Glücksberg ist gespickt mit Schwierigkeiten und Kümmernissen und nur wenige sind bereit, ihn zu gehen. Erinnern wir uns: Als Kinder erschienen uns die Fähigkeiten des Schreibens und Lesens als ungeheuer wertvoll, und wir haben begonnen, lange Reihen mit dem Buchstaben „a“ zu füllen. Mittlerweile können wir es, und diese Fertigkeit ist im Wert gesunken, weil wir sie a) für selbstverständlich halten und b) die anderen das auch können.

Brustschwimmen kann fast jeder, Kraulen oder Delphin können nur wenige. Auf dem Weg zum Schwimmer haben wir auch eine Menge Schwierigkeiten überwunden, das kalte Wasser, die Angst vor Tiefe, die Atemschwierigkeiten und die lachenden Gesichter der Leute, die es schon konnten. Wir haben durchgehalten und uns den Wert des Schwimmens erschlossen und verdient. Wer den Weg geht, den Weg des Lernens, der Entwicklung, des persönlichen Wachstums, der arbeitet an seinem Selbstwert, der verdient sich die Selbstachtung, die für ihn anders zu erlangen nicht möglich ist. Er weiß um den Wert, und das ist nicht nur psychohygienisch wertvoll, sondern auch ein besonderer Bonus im Bereich Lebensqualität.

8. Gibt es Liebe mit Bedingungen?

Enttäuschte Liebende, deren Partner(in) sich anderweitig orientiert hat, fragen sich oft: „Was hat der/die andere, was ich nicht habe?“, oder sie versuchen, den Partner zurückzugewinnen, indem sie zum Beispiel ein Angebot machen, von jetzt an immer das zu tun, was sich der Partner gewünscht hat. Sie wollen demnach sogar etwas tun, was nicht aus ihnen selbst kommt, d.h. sie sind bereit, ihre Selbstachtung zu opfern.

Nehmen wir an, Partner oder Partnerin verlangen: „Wenn Du ab jetzt immer rote Hüte trägst, dann liebe ich Dich wieder." Das ist doch ein Angebot! Er oder sie trägt ab jetzt einen roten Hut und die Liebe ist gerettet. Und nicht nur das! Man weiß jetzt, woran es liegt, man hat die Sache im Griff und auf die Ewigkeit der Liebe gibt's Garantie.

So absurd die Geschichte in dieser Darstellung aussieht, so ist sie in Wahrheit – wenn auch anders als mit roten Hüten – ziemlich verbreitet. „Mit unserer Beziehung stimmt etwas nicht mehr", sagt der Mann zu seiner Frau, „und das liegt an Dir. Du mußt Dich ändern!" – „Sie wollen sich also ändern" , sagt der Ehetherapeut zu der Frau, „weil Sie mit jemandem auskommen wollen (müssen?), der sich nicht ändern will?" Eigentlich ist es genauso, allerdings gestehen es sich nur wenige ein. Dann allerdings hätte die Selbstachtung wieder eine Chance.

Wichtiger, als die Liebe zum Partner ist die Liebe zu sich selbst, nicht zuletzt, weil Liebe zum Partner Selbstliebe voraussetzt. Leider lieben viele Menschen ihren Nächsten genausowenig wie sich selbst und machen auf diese Weise die biblische Aufforderung „Liebe Deinen Nächsten wie Dich selbst" auf traurige Weise wahr.

Nun mag das Wort Liebe in Verbindung mit sich selbst für einige ein provozierend großer Schritt sein. Ich schlage vor, es zuerst mit Begriffen wie Annahme und Akzeptanz zu versuchen, d.h. konkret, sich selber die positive Suggestion zu verschreiben: „Ich nehme mich an mit allem, was ich denke, fühle und tue."

„Nein, Nein!", wird so mancher denken, „dann schreibe ich ja den Zustand fest, aus dem ich heraus will". Er bevorzugt den Bedingungssatz: „Erst muß ich schlanker, angstfrei, erfolgreich, ohne Schmerzen usw. sein, dann – höchstens dann – kann ich mich (vielleicht) annehmen." Dieser Satz ist in ähnlicher Form der Mehrheit geläufig. Was dabei allerdings gerne vergessen wird, ist, daß dieser Bedingungssatz zur Veränderung bisher nichts getaugt hat und auch in Zukunft nichts taugen wird. Seinem Selbst, seinem Inneren oder seinem Körper Bedingungen zu stellen, um danach vielleicht so etwas wie Selbstachtung zu erlangen, ist genauso die „richtige Methode" wie die garantierte Liebe durch den roten Hut.

9. Selbstachtung wächst von innen

Eine alte Erkenntnis lautet: Wir bemühen uns zu sehr, die Achtung anderer Leute zu gewinnen, und viel zu wenig um unsere eigene Selbstachtung. Das trifft meines Erachtens auf die Mehrzahl der Menschen zu, denn sie unterliegen dem suggestiven Zwang „Ich muß erfolgreich sein, kompetent und allen Aufgaben gewachsen. Ich muß von allen geliebt und anerkannt werden. Dann bin ich ein wertvoller Mensch, der überall geachtet wird."

Die Entscheidung über das eigene Glück und Wohlbefinden wird somit nach außen verlegt, die anderen sind im Besitz der Wahrheit, kennen die Normen und Kriterien für Glück. Damit ist mein Ziel vorgegeben. Konsequenz: Ich lebe nicht, ich werde gelebt. Die Beziehung zu mir selbst ist kein entscheidender Teil meiner Persönlichkeit. Ich bin nicht „ich selbst", ich bin eigentlich „ein anderer". Achtung aus mir selbst heraus? Kopfschütteln.

Der Begriff „Selbstbewußtsein" möge sehr wörtlich verstanden werden, also „sich seiner selbst bewußt sein", was alles an inneren und äußeren Anteilen des „Selbst" umfaßt. Dieses Selbstbewußtsein ist weitgehend unentwickelt oder hat sich – verglichen mit unseren ersten Lebensjahren, wo es noch in ausgeprägter Form vorhanden war – zurückentwickelt. We-

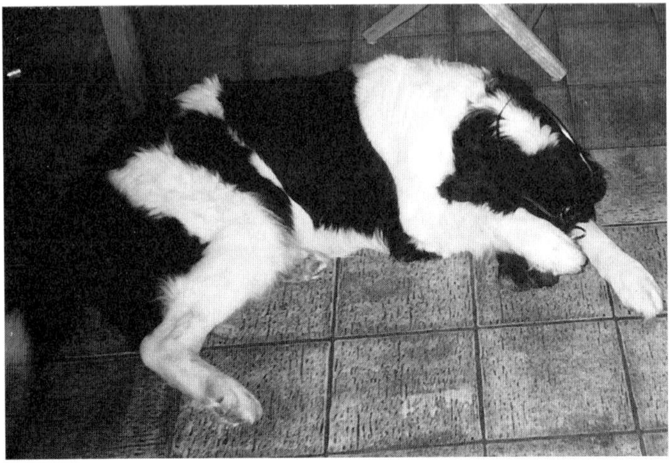

Abb. 14: Hundeelend fühlt sich der, dessen Selbstwertgefühl am Boden liegt.

sentlicher Baustein zur Aktivierung des Selbstbewußtseins sind die bewußten Wahrnehmungen des Sensoriums, der Sinnesorgane. Zwecks sensibilisierender Übung verweise ich auf den „Vorschlag eins."

Vorschlag eins: Aktivierung des Sensoriums

- Machen Sie einen Waldspaziergang: Nehmen Sie zuerst nur bewußt wahr, was Sie sehen. Formulieren Sie das laut oder wenigstens in Gedanken. Beispiel: Ich sehe eine Tanne, etwa zehn Meter hoch, mit dunkelgrünen Nadeln und vielen Zapfen, daneben eine Buche, auf dem Zweig sitzt eine Blaumeise, ein Eichhörnchen flitzt den Baumstamm empor ... usw. Verlagern Sie Ihre Perspektive vom Ganzen zum Detail und umgekehrt.
- Jetzt wechseln Sie zum Hören, vielleicht mit geschlossenen Augen: Ich höre den lieblichen Gesang der Spatzen, den

Wind in den Blättern, meinen Schritt auf dem Waldboden und die eigene Atmung...

- Verfahren Sie ähnlich beim Riechen und auch, wenn es was zu schmecken gibt, zum Beispiel Sauerampfer, Hähnchen mit Pommes...
- Schließlich nehmen Sie sich auch Zeit für Ihre taktilen Empfindungen, den Hautsinn: Ich berühre die Rinde des Baumes, sie ist rissig, kühl und trocken. Ich spüre den Wind im Gesicht und den Boden, auf dem ich (barfuß) gehe...

10. Die Sprache ist ein Gärtner der Seele

Ein blühender, ausgesuchter und kultivierter Garten überträgt eine positive Gestimmtheit. Von ihm geht etwas Wertvolles aus, wirkt kräftigend und gibt unserem Inneren einen konstruktiven Schub.

Das alles läßt sich intuitiv mehr erspüren als es intellektuell zu erfassen ist. Da wir nun einmal in einer bestimmten Umgebung groß werden, übernehmen wir auch die entsprechende Sprache. Das sind aber nicht nur die Worte, sondern auch Charakter und Stimmungen, die darin enthalten sind. Stellen wir uns vor, wir erleben mit unserem Partner/unserer Partnerin den ersten Urlaubstag an der See. Sein/ihr Vokabular:

Die Matratze war zu hart, der Rücken tut weh, die Heizung ist nur lauwarm, ebenso die Dusche und der Kaffee, die Brötchen sind pappig, es gibt noch nicht mal ein Frühstücksei, der Wind ist kalt, der Weg ins Dorf viel zu weit, die Klamotten werden versaut, die Schuhe taugen nichts, wären wir doch woanders hingefahren.

Spätestens nach einem halben Tag ist auch für uns die Laune „im Keller“, die Momente der Freude sind nicht mehr wahrnehmbar, wir sind angesteckt worden, im negativen Sinn. Der Genuß des Urlaubs ist gelaufen, denn das destruktive Vokabular hat unser Denken durchdrungen und unseren seelischen Garten verseucht. Unkraut.

Ein Jahr später fahren wir mit einem anderen Partner an die See:

Richtig schön ist es hier, frisch, und die Matratze ist nicht so ekelhaft weich wie zu Hause. Endlich mal ein anderes Frühstück, und warmen Kaffee bekommen wir im Dorf. Der Spaziergang am Strand ist herrlich, besonders bei Regen. Da haben wir direkten Kontakt mit der Natur. Laß uns alles intensiv erleben.

Spätestens nach einem halben Tag tanzt die Laune – wie ein fröhlicher Drachen – in luftigen Höhen. Wir sind angesteckt, die Sprache hat eine wunderbare Atmosphäre in unseren Köpfen geschaffen. Unser seelischer Garten strotzt vor Gesundheit und Kraft, die Gärtner haben liebevoll ganze Arbeit geleistet. Es blüht.

Wer sich entscheidet, den positiven Gedanken und Vokabeln in seinem Schädel mehr Raum zu geben, lernt eine Menge über „Selbstbewußtsein" und den Wert, sich selbst aus sich selbst heraus zu gestalten. Anders formuliert: Selbstachtung ist lernbar.

Vorschlag zwei: Des Positiven gedenken

- Ein Tropfen Öl soll viele Liter Wasser verderben können. Ein negatives Ereignis am Tage beschäftigt das Hirn so lange und so intensiv, daß es den Charakter des Tages färbt. Das ist gegenüber den positiven Ereignissen dieses Tages nicht fair. Konkret: Nehmen Sie sich am Abend zehn Minuten, einen Zettel und einen Stift. Dann notieren Sie alles Positive, was Ihnen an diesem Tag widerfahren ist. Scheuen Sie sich nicht, scheinbar Banales und Selbstverständliches aufzuschreiben. Legen Sie Ihre Meßlatte nicht in die Nähe von zum Beispiel

„Berufliche Beförderung, Examen bestanden, das Königreich vom Drachen befreit usw." an. Erinnern Sie sich an alle freudigen Momente, und waren sie auch noch so kurz. Also:

- Der Kaffee war heiß und gut.
- Habe einen Parkplatz gefunden.
- Habe entspannt in der Wanne gelegen.
- Fand ein Buch sofort.
- Wußte eine Telefonnummer auswendig.
- Habe an einem Blumenstrauß gerochen.
- Habe mir eine Schallplatte gekauft und der Versuchung widerstanden, noch zwei weitere zu erwerben usw.

11. Der Fluch der kranken Gedanken

Überzeugungen schaffen genau die Wirklichkeit, die der Überzeugung entsprechen. Unsere Wahrnehmung ist nicht objektiv, kann sie gar nicht sein, und so nehmen wir automatisch eine Selektion der Reize vor. Wir haben einen eingebauten Filter im Kopf, der vorzugsweise die ihm genehmen Informationen durchläßt. Da „gleich und gleich sich gern gesellt", läßt der „Pförtner" eben Passendes leichter passieren. Der Fliegenfänger interessiert sich für Fliegen, das ist seine Welt. Recht hat er, wie seine Ausbeute beweist.

Haben wir erst einmal – ungeachtet der Herkunft – bestimmte Überzeugungen, werden unsere Erfahrungen diese Überzeugungen bestätigen. Wer glaubt, daß man ihn nicht mag, wird dies bestätigt finden (vgl. Kapitel VI). Wer dauernd an Barrieren und Einschränkungen denkt, schafft diese dadurch. Wessen Gedankenwelt „negativ geladen" ist, erzeugt Negatives – wie der „Fluch der bösen Tat" fortlaufend Negatives produziert. Folgerichtig behält derjenige seine Krankheit, der ständig an die negativen Seiten der Krankheit denkt.

Ein von destruktiven Gedanken, Bildern und Suggestionen zerfressenes Selbst hat entsprechend wenig Raum für angenehme Gefühle. Statt dessen herrschen Ärger, Neid, Enttäuschung, Verbitterung, Trauer, Eifersucht, Wut. Diese Gefühle gehören zum menschlichen Gefühlsspektrum und sind nicht automatisch schlecht, weil sie unangenehm sind. Nur in ihrer chronischen Häufung und Einseitigkeit sind sie schlecht, weil sie anderen den Platz wegnehmen. Ein paar Mäuse sind nett und bei ganzheitlicher Sichtweise natürlich sinnvoll, aber nur Mäuse sind eine Plage.

Im folgenden finden wir eine Auswahl der „Selbstzerstörer", also der gebräuchlichsten Gedanken und Überzeugungen, welche die Selbstachtung und Psychohygiene ausrotten.
- Die Menschen sind schlecht.
- Das Leben ist sinnlos.
- Der Körper ist ein Feind, ein unberechenbares Untier.
- Ich stecke voller Sünde, denn das Fleisch ist schwach.
- Ich kann nicht; wenn ich könnte, wie ich wollte.
- Ich weiß Bescheid, ich kenne die Wahrheit.
- Chronische Krankheiten bleiben chronisch.
- Krebs ist tödlich.
- Ich bin häßlich, dick, dumm, phantasielos.
- Ich bin ein Versager, alles geht schief, ich habe immer Pech.
- Ich bin zu sensibel.

Der aufgeklärte Leser hat inzwischen bemerkt, daß alle diese „Wahrheiten" einen gemeinsamen Nenner haben: Sie dienen der Vermeidung. Alle Aussagen erklären einhellig: Ich bin nun mal so, daran ist nichts zu machen, also brauche ich mich auch nicht zu bemühen. Also bleibe ich in Frustheim, denn nach Glücksberg komme ich sowieso nicht. Zack! Das heißt aber nicht, daß ich damit aufhöre, mich zu beklagen.

Nun sind die oben genannten Überzeugungen in der Regel nicht vom eigenen Inneren abgeklärt worden, d.h. sie sind eher kritiklos übernommen und für richtig angesehen worden. Der Einfluß der Umwelt, der Gesellschaft, der Leute, die uns geprägt haben, die wir bewundern und deren „Wahrheiten" wir hören, wird von uns zu hoch angesetzt und geduldet. Wir fragen nicht intensiv genug nach, ob das alles für uns richtig ist, ob wir das wirklich glauben und wollen, und damit stellen wir unser eigenes Selbst hintenan. Auf diese Weise übernehmen wir viele kranke Gedanken und zahlen den Preis dafür, solange unser Bewußtsein unterentwickelt bleibt.

Leider betreiben wir auch die Selbstentwertung weiter. Ich habe mir selbst die „Seele blank genagt", ist eine treffende Metapher, die ich noch von einem Patienten im Ohr habe. Dazu gehören so bekannte Muster wie die „Unfähigkeit, Lob anzunehmen". So mancher, der gelobt wird, reagiert mit: „Das war doch nichts Besonderes", oder „Laß nur, das hätten andere auch gekonnt". Hätten sie aber nicht. Warum ist es so schwer, Lob anzunehmen und sich darüber zu freuen? Warum wird ein freudiger Impuls, der sicherlich für einen Moment da ist, sofort entwertet, aus dem Selbstbild radiert?

„Ich lasse mir grundsätzlich nichts schenken", sagt ein anderer. Warum tut er das? „Damit ich anderen auch nichts zu schenken brauche", ist seine Antwort. Was ist so furchtbar daran, sich etwas schenken zu lassen? Was ist noch furchtbarer daran, anderen etwas zu schenken? Gehört Mut dazu, ein Geschenk anzunehmen? Müßte er sich zu seiner eigenen Freude bekennen, gönnt sich aber die eigene Freude nicht? Bestraft er sich damit vielleicht selbst, weil er so eine schlechte Beziehung zu sich selbst hat? Blockaden und Barrieren.

Die Kinder toben im Haus, machen irgendwelchen Unfug. Der Vater ruft: „Hört sofort auf damit, sonst passiert was." Die Kinder kennen solche Drohungen schon und machen unbeeindruckt weiter. Es geschieht auch nichts weiter; denn sie haben gemerkt, daß die Ankündigungen des Vaters „nichts wert" sind. Aussage und Handlung stimmen nicht überein. Wer verspricht, um drei Uhr zu kommen, um bei der Arbeit zu helfen, und tatsächlich um drei Uhr arbeitswillig erscheint, ist zuverlässig, hat einen bestimmten Wert. An solchen Worten und Taten werden wir gemessen und sollten uns selber daran messen, denn daran hängen Teile des Wertes und des Selbstwertes. Wie viele von den guten Vorsätzen zu Silvester überdauern Neujahr und die Tage danach? Trauen wir unseren eigenen Versprechen und Ankündigungen? Sind wir nicht stolz, wenn wir das einhalten, was wir uns vorgenommen haben? Finden wir nicht wieder massenhaft Entschuldigungen, wenn wir nichts getan haben?

12. Selbstwert ist Selbstwerk

Unser aufgewachtes Selbst ist dabei, eine Identität zu finden. Dabei wird es hin- und hergerissen zwischen den äußeren und inneren Einflüssen. Soll ich mich den Vorstellungen der anderen anpassen? Dann kann mir nicht viel passieren, bis auf innere Unzufriedenheit. Soll ich Einzelgänger werden? Dann kann ich zu meinen Überzeugungen stehen, habe aber mit der Umwelt den Ärger, dem ich bisher immer aus dem Weg gegangen bin. Oder werde ich so eine Art Grenzgänger, der – je nach situativen Bedingungen – mal die inneren und mal die äußeren Kriterien anlegt? Das ist aber ganz schön schwer, dauert lange und wer weiß, ob's befriedigend gelingt?

Eins ist gewiß: Um die Unzufriedenheit unseres Lebens und damit unser Selbstbild zu verändern, müssen wir die Qualität unserer Erfahrungen verändern. Bisher haben wir dazu äußere Ziele verfolgt und gehofft, daß bei Erreichen derselben unser Leben verbessert würde. Das war ein Trugschluß, denn das Ganze ist zu einer unendlichen Unglücksspirale geworden.

Demokrit wußte, daß Wasser gut und schlecht sein kann, nützlich und gefährlich. Gegen die Gefahr gibt's aber eine

Möglichkeit: Schwimmen lernen. So weit, so gut – nur jetzt entscheide ich, wie es weitergeht:

a) Lieber Gott, hilf mir beim Schwimmenlernen, oder
b) Lieber Gott, laß alle Wasser trocknen oder führe mich zumindest daran vorbei, oder schließlich
c) Lieber Gott, schwimm Du für mich!

Wenn also die Erfahrung Produkt unserer Gedanken und Gefühle ist, weil wir uns entschieden haben, diese Erfahrungen zu machen, sollten diese Überlegungen Freude und Erleichterung auslösen. Indem wir neue Filter in unsere Wahrnehmung einbauen, beliefern wir unser Selbst mit neuen Informationen. Damit übernehmen wir Selbstverantwortung. Wenn wir diese Verantwortung nicht übernehmen, bleibt es dabei, sich den Ereignissen ausgeliefert zu fühlen. Menschen tun sich aber sehr schwer, wenn es um die persönlichen, für richtig gehaltenen und bewährten Überzeugungen geht. Wenn Dinge in der Außenwelt geschehen, zum Beispiel neue medizinische Ergebnisse wissenschaftlich abgesichert sind, ist es normalerweise leicht, die Überzeugung zu korrigieren. Aber Dinge, die sehr persönlich sind und das eigene Weltbild attackieren, werden gerne abgedrängt. Da sollen doch die gewohnten Vorstellungen lieber bleiben.

Die Hinwendung zu inneren Prozessen, Gefühlen, Träumen, Intuitionen, Bildern, Ideen und all den Reaktionen, die nicht in das gewohnte Beurteilungsschema passen, lösen Unbehagen aus. Man baut Widerstände auf und errichtet Wälle, vergißt dabei aber, daß man sich dadurch auch den positiven, angenehmen Erlebnisqualitäten aus dem Inneren verschließt. Behauptungen aus tiefenpsychologisch und psychoanalytisch orientierten Modellen haben da kontraproduktiv gewirkt, indem sie das Innere als eine Art ungezähmtes Monster darstellten, was auch allerhand Schuld an Beschwerden und Leid trägt, welche sich in den Krankheiten der Gegenwart manifestieren.

Die Fähigkeit des Sich-selbst-Zuwendens, des Sich-selbst-nahe-Seins scheint mir im allgemeinen sehr ausbaufähig. Wer viel Süßigkeiten ißt, sollte sich einmal fragen, ob Süßigkeiten wirklich das sind, was er sucht? Sind diese nicht vielmehr Ersatz für irgend etwas Inneres, mit dem er aber so ohne weiteres nicht in Kontakt kommt? Bei den Übungen, sich selber nahe zu sein, gibt es keine vorgegebenen Ziele, es gibt nur ganz persönliche, einmalige Erfahrungen. Aber die tun eine Menge, um sich seines Selbstwertes bewußt zu werden und das Ziel des persönlichen Wachstums wertvoll zu machen.

Dazu gehört ebenso die Beziehung zu den eigenen Organen. Ein Magen, den ich achte und wertschätze, ist in meinem Bewußtsein ein Teil von mir und verdient pflegliche Behandlung. Er bekommt also, was er mag und was ihm guttut. Ein schlechtes Gewissen habe ich dann, wenn ich ihn mal mit minderwertiger Nahrung vollgestopft habe. Dann leben wir beide in Disharmonie. Auch wenn mir jemand ein billiges Geschenk macht, ein unechtes Kompliment, dann bin nicht nur ich sauer, sondern auch mein Magen. Können wir diese Anschläge auf unser Selbstwertgefühl „gut verdauen"?

Vorschlag drei: Die Spiegelübung

Normalerweise setzt man sich vor den Spiegel, um sein Gesicht technisch in Ordnung zu bringen. Das Selbstbild in Form des Spiegelbildes wird kritisch betrachtet und entsprechend korrigiert.

Setzen Sie sich doch einmal vor den Spiegel und schauen sich in die Augen, allerdings mit einem ganz persönlichen Blick, so, wie Sie Ihre(n) Liebste(n) anschauen. Sie wollen sich selbst nahe sein, ganz intim, wollen durch die Augen in die Seele schauen, wollen das „Innere" sehen. Falls Sie länger als sieben Sekunden durchhalten, achten Sie bewußt auf Ihre Gefühle. Welche sind das, wie verändern sie sich? Achten Sie auf die Reaktionen des

Körpers. Welche Teile reagieren, wie intensiv, wie lange? Achten Sie darauf, ob Sie neugierig werden und die Erfahrung wiederholen und intensivieren wollen.

13. Stationen der Selbstentwicklung

Eine gesunde Selbstentwicklung ist weder geerbt noch geschieht sie von selbst, sondern bedarf harter und schöner Arbeit. Ein kaputtes Selbst ist gekennzeichnet durch Mißachtung, ein blühendes, gesundes Selbst von Achtung und Stolz. Wer sein Selbst einmal hat verkommen lassen, ist damit nicht am Ende, sofern er sich dafür entscheidet, den Weg eingedenk aller Mühseligkeiten zu gehen.

Trügerisch könnte hier der Ausdruck „Ziel" sein, suggeriert er doch ein Ende aller Bemühungen. Dem ist nicht so. Erstens handelt es sich immer um Annäherungswerte, und zweitens erfordern die Erhaltung der Selbstachtung und die Fähigkeit zur Selbstgestaltung ebenfalls ständiges Arbeiten, In-Frage-Stellen, Neuorientieren, Wahrnehmungsüberprüfungen usw. Wer einmal die „Nummer 1" in seiner Hitparade geworden ist, wird allerhand dafür zu tun haben, um es zu bleiben. Wohlan.

(Siehe auch Schema auf Seite 154)

Die einzelnen Stationen der Selbstentwicklung

Selbstverachtung:	– löst das Bestreben nach →
↓↓	
Selbstveränderung	– aus, was ein neues Wahrnehmungs-
↓↓	system und eine neue Ausrichtung
↓↓	erfordert. Ein anderes →
Selbstbewußtsein	– tritt an die Stelle. Diese öffnet die Tür
↓↓	für weitere Bereiche des Selbst, zum
↓↓	Beispiel die →
Selbsterhaltung	– welche einen konstruktiven Stellen-
↓↓	wert erhält und zu mehr →
Selbstvertrauen	– beiträgt und dieses stabilisiert. Dadurch
↓↓	entwickelt sich ein besonderes →
Selbstverständnis	– und schafft den wichtigsten Baustein,
↓↓	die Übernahme von →
Selbstverantwortung.	– Jetzt sind die Voraussetzungen für eine
↓↓	gesunde →
Selbstachtung	– erfüllt. Darüber hinaus bekommen
↓↓	die Körperprozessse einen positiven
↓↓	Schub:→
Selbstheilungskräfte	– treten auf, das Immunsystem kann opti-
↓↓	mal arbeiten. Das beste Ziel, die →
Selbstgestaltung	– wird erreicht.

Glossar

(Worterklärungen)

Fremdwörter einfach zu übersetzen hilft nicht immer weiter, weil die einzelnen wissenschaftlichen Disziplinen ihnen oft eigene – vom Original abweichende – Bedeutungen geben. Entsprechend dieser Erkenntnis sind im folgenden Fremdwörter nicht immer korrekt übersetzt, sondern vestehen sich im jeweiligen Satz- und Sinnzusammenhang. Einige Begriffe sind im Text erklärt, medizinisch-diagnostische Begriffe schlage man in der entsprechenden Fachliteratur nach.

Absolutismen	unbedingte Verallgemeinerungen, die nichts in Frage stellen
adäquat	angemessen
ad hoc	sofort
ad infinitum	unendlich
Adjektiv	Eigenschaftswort
Adrenalin	Hormon zur Aktivierung des Körpers
Aerodynamik	die Lehre von den Kräften der Luft
Affekt	Gefühlszustand
Affektlabilität	Gefühlsschwankungen
Affinität	Ähnlichkeit, Angleichung
Akzeptanz	Annahme
Anästhesie	Schmerzunempfindlichkeit
Analgetika	Schmerzmittel
Apathie	Teilnahmslosigkeit
Attribut	Eigenschaft, Merkmal, Sinnbild
avantgardistisch	vorreiterisch, der Zeit weit voraus sein
Bonus	Guthaben
brachial	mit roher Gewalt
Bredouille	Verlegenheit, Klemme

chronisch	andauernd
couragiert	mutig
Crux	„Kreuz“, Übel, Qual, Ungemach
Definition	Bestimmung, Festlegung
destruktiv	zerstörerisch
determinieren	festlegen, bestimmen
dichotom	zweigeteilt
differenzieren	trennen, ausführlicher darstellen
diffus	verteilt, zerstreut
Dilemma	Klemme, Zwangslage
Dimension	Bereich, Ebene
Disharmonie	Nicht-Übereinstimmung, Unfrieden
divers	unterschiedlich
dominant	beherrschend
Dogma	Lehrsatz
dynamisch	kraftvoll, beweglich
effizient	wirkungsvoll
eliminieren	ausschalten, entfernen
emotional	gefühlsmäßig
epidemisch	seuchenartig, verbreitet
etablieren	einrichten
existentiell	wesentlich, lebensnotwendig
Exkursion	Ausflug
Extrasystole	Herzschlag „außer der Reihe“
Fetisch	Objekt der Anbetung, Götze
Fossil	urweltliches Überbleibsel
fragil	zerbrechlich
frappierend	überraschend, trefflich
Frustration	Nichterfüllung von Bedürfnissen
Frustrationstoleranz	Fähigkeit, Frustrationen auszuhalten
Gastritis	Magenschleimhautentzündung

global	allgemein
Graecologe	ein des Griechischen Kundiger
gravierend	schwerwiegend
Halluzinationen	Sinneswahrnehmung ohne äußeres Objekt
Hermeneutik	die Kunst der Auslegung, Interpretation
Homöostase	Aufrechterhaltung des „inneren Körpermilieus“
Hypophyse	steuert die Drüsen des Körpers
Hypothalamus	regelt das vegetative Nervensystem
Ideologie	Begriffslehre, Weltanschauung
immens	unermeßlich
Indikativ	(gramm.) Wirklichkeitsform, direkte Aussage
Inkompatibiblität	Unvereinbarkeit
Integration	Miteinbeziehung, zu einem Teil seines „Selbst“ machen
intervenieren	eingreifen
Kausalprinzip	Warum-Fragen und Weil-Antworten
kinästhetisch	die Empfindungen des Körpers betreffend
kognitiv	das Denken betreffend
Kompetenz	Zuständigkeit
Komplex	Gesamtmasse, Umfang
Komponente	Bestandteil
Konfliktstrategie	Art und Weise, mit Problemen fertig zu werden
konfrontativ	feindlich gegenüberstehend
Kongruenz	Übereinstimmung
Konjunktiv	(gramm.) Möglichkeitsform
Konstellation	Struktur, Stellung der Teile zueinander
Konstitution	körperliche Beschaffenheit

konstruktiv	förderlich, nützlich, aufbauend
kontraproduktiv	dagegen arbeitend, sabotierend
kontrovers	gegensätzlich
Konvention	Übereinkunft
Konzeption	Entwurf, Plan, Vorschlag
kreativ	schöpferisch
limbisches System	Teil des Zwischenhirns, Ort der Gefühle
Lymphozyten	Teil des Immunsystems
malträtiert	geschunden, mißhandelt
manipulieren	handhaben, jmd. für seine Interessen einspannen
Martyrium	Marter, Folter, Pein
midlife crisis	Krise in der Mitte des Lebens
Monitor-Funktion	Mahnung, Erinnerung
Monotonie	Eintönigkeit
multidisziplinär	unter Beteiligung mehrerer wissenschaftlicher Disziplinen
Nuancierung	Schattierung, Feinheit
obsolet	veraltet, uninteressant
paradox	scheinbar widersinnig
Parasit	Schmarotzer
permanent	fortwährend
per se	an sich, aus sich heraus
pervertieren	verdrehen
Perspektive	Sichtweise
Philosophie	Weisheitslehre, „Weisheitsliebe“
Phobie	übersteigerte, auf etwas (z.B. Tier, Organ, Raum) gerichtete Angst
physiologisch	die inneren Vorgänge des Körpers betreffend

Prämisse	etwas Vorausgesetztes
Prävention	Vorbeugung
primär	zuerst
Priorität	das Wichtigste
Prognose	Vorhersage
propagieren	verbreiten
Protagonist	„Vorkämpfer“
provokativ	herausfordernd
Qualität	Güte
Quantum	Menge
quasi	gleichsam
rabulistisch	wortverdreherisch
regenerieren	wiederherstellen
reflektieren	nachdenken, beurteilen
Re-Integration	Wiedereinbeziehung
reklamieren	zurückfordern, in Anspruch nehmen
repräsentativ	typisch, aussagekräftig
respektive	beziehungsweise
Ressource	Quelle, Potential
Semantik	Wortbedeutung
sensorische Deprivation	Mangel (Entzug) an äußeren Reizen
Sensorium	Gesamtheit aller Sinnesorgane
somatisch	körperlich, organisch
spirituell	geistig
stabilisieren	festigen
statisch	feststehend
Stigma	Schandfleck
Substanz	das Wesentliche, Hauptbestandteil
subtil	fein, versteckt, nicht gleich ersichtlich
suggerieren	eingeben
sukzessive	allmählich, Schritt für Schritt

Sympathikus	Teil des vegetativen Nervensystems, aktiviert den Organismus, stellt Energien bereit, steigert Blutdruck, Herz frequenz, Muskelspannung
transparent	durchsichtig, einsichtig
Tumor	Geschwulst
Ulkus	Geschwür
utopisch	unerfüllbar
visuell	das Sehen betreffend

Literatur

Berkeley Holistic Health Center: Das Buch der ganzheitlichen Gesundheit, Scherz, 1982
Czikzentmihalyi, M.: Flow – Das Geheimnis des Glücks, Klett-Cotta, 1990
Susen, G. R.: Therapeutische Hypnose – Gesundheit, die von innen kommt. Bibliomed, 1990
Susen, G. R. und Geißler, W.: Erfolgreich entspannen – aber wie? Vandenhoek & Ruprecht, 1988
Teegen, F.: Ganzheitliche Gesundheit. Rowohlt, 1983
Watzlawick, P. et al.: Lösungen. Huber, 1979